KB125523

나는 왜

　　　네 말을　　흘려듣지

　　　　　　　　　못할까

옮긴이 **김주희**

세종대학교에서 일어일문학을 전공하고 와세다대학교 대학원에서 일본어 교육을 연구했다. 한국닌텐도에서 다년간 근무한 후 바른번역 글밥아카데미에서 출판 번역 과정을 수료했다.

Original Japanese title: PRO COUNSELOR GA OSHIERU
TANIN NO KOTOBA WO SURŪ SURU GIJUTSU
Copyright © Ichitaro Miki 2022
Original Japanese edition published by Forest Publishing Co., Ltd.
Korean translation rights arranged with Forest Publishing Co., Ltd.
through The English Agency (Japan) Ltd. and Danny Hong Agency.

나는 왜
네 말을   흘려듣지
못할까

사소한 말에도
전전긍긍하는
사람을 위한
신경 끄기의 기술

미키 이치타로 지음
김주희 옮김

갤리온
GALLION

차례

1장

자꾸 남의 말에 휘둘리며
상처받고 있나요?

2장

왜 그들은 타인에게
상처를 줄까요?

5장

남의 말에 쉽게 흔들리지 않는
흘려듣기의 기술

추천의 글

심리상담사 웃따(나예랑)
『인생을 숙제처럼 살지 않기로 했다』 저자

　'말 한마디에 천 냥 빚도 갚는다', '가는 말이 고와
야 오는 말이 곱다'와 같은 속담 들어보았을 겁니다.
우리 사회는 말을 참 중요하게 여깁니다. 실제로 말
은 중요하기도 합니다. 이런 속담들이 괜히 나온 것
은 아니겠죠. 말은 그 사람 속에서 나오는 것이므로
무엇보다도 그 사람을 잘 보여주기도 합니다. 그래
서 말이 참 중요하지만, 동시에 타인의 말은 그 사람
속에서 나온 것이기에 모두 다 내 안에 들여보낼 필
요가 없습니다. 말은 중요하지만 걸러 듣는 것은 더
욱 중요하다는 뜻이죠. 다들 저마다 자신만의 기준

에 따라 생각하고 말하기 때문입니다. 심지어 말에 기분과 의도가 담겨 있는 경우도 많습니다. 심리 상담사인 저자는 이 책에서 이렇게 말합니다.

> "사람은 아주 작은 일에 흔들린다.
> 우리는 '간신히' 멀쩡하다.
> 그런 사람들의 말을 어느 정도 신뢰할 수 있을까?"

상담을 하다 보면 자주 만나게 되는 유형의 내담자들이 있습니다. 바로 대인관계의 어려움을 호소하는 사람들입니다. 내가 상대방에게 어떻게 받아들여질까 불안해하고, 행여나 부정적인 피드백을 받지는 않을지 노심초사하며 인간관계를 맺습니다. 그러니 겉으로는 웃고 있을지 몰라도, 속마음은 긴장되고 불편하겠죠. 한편 아예 사람을 사귀거나 만날 용기조차 갖지 못하고 혼자 고립되어 사는 이들도 있습니다. 이처럼 누군가에게는 편하게 대화를 주고받으며 가벼운 일상을 나눌 수 있는 사람을 만드는 것조차 매우 어려운 일입니다. 그들은 왜 그렇게 인간관계를 어려워할까요? 앞서 이야기한 내담자들은 타인을 많이 의식하고 타인의 평가에 많이 휘둘린다는 공통점이 있습니다. 특히 타인의 말 때문에 자주 괴로워합니다. 비난은 말할 것도 없고 때로는 조언이나 위로에도 뜻밖의 상처를 받을 수 있으니까요. 심지어 칭찬도 나를 옭아매는 말이 될 수 있습니다.

이 책은 그렇게 타인을 의식하며 타인의 말에 휘둘리는 사람들에게 그 이유를 설명해줍니다. 그리고 자신감을 줍니다. 왜냐하면 저자는 전적으로 이 책을 읽는 독자들의 편을 들어주거든요. 제가 이 책을 읽고 나서 느낀 것 중 머릿속에 강력히 떠오른 문장은 바로 "너는 잘못이 없다."입니다.

말에 상처받게 되는 것은 당신의 잘못이 아니라고,
당신의 나약함 때문이 아니라고
계속해서 내 편에서 소리쳐주는 책입니다.

우리는 부단히 나 자신을 다그치며 변화하려고
애씁니다. 그 또한 타인의 말 때문이겠죠. "너 같은
성격은 사회에 적응할 수 없어.", "네가 더 잘해야
돼.", "노력하면 지금보다 더 나은 삶을 살 수 있어."
등, 꽤나 나를 생각해주는 것 같은 조언들이 계속해
서 나를 부적절한 사람으로 만듭니다.

제가 만나는 내담자들도 그런 소리를 많이 들어
왔던 모양입니다. 지금껏 들어온 말들이 요지부동
의 진리라도 되는 듯이 저에게 묻습니다. "그래서
제가 더 나은 사람이 되려면 이제부터 뭘 하면 되나
요?", "저의 성격을 바꾸고 발전하려면 어떤 유튜브
를 보고 어떤 책을 읽으면 될까요?" 하고 묻습니다.

그렇게 또 타인의 말을 기다립니다. 심리상담사, 심리전문가의 답변을 기다립니다. 제가 답변을 던지는 즉시 꿀꺽 삼키고 온몸에 새기기라도 할 것처럼 말이죠. 저는 그런 기대를 가진 내담자들에게 이렇게 답합니다.

"아무것도 안 하시면 안 될까요?"

이어서 저는 말합니다. 답은 제가 주는 것이 아니라 당신 안에서 나오는 것이고, 저는 당신이 그 답을 발견할 때까지 함께 있어주는 사람일 뿐이라고 말이죠.

이 책은 당신의 말을 찾으라고 말합니다. 누군가의 조언, 누군가의 훈계, 누군가의 지혜가 아닌 '내 안에서' 나온 말 말이에요. '내가' 찾은, '나의' 말을 가질 때 대인관계에서도 자신감을 가질 수 있고, 타인에게 휘둘리지 않을 수 있습니다. 어쩌면 우리에게 정말 필요한 조언은 어떤 사람이 되어야 한다는 뼈 때리는 말이 아닌지 모릅니다. 그보다 '당신이 옳고, 당신 안에 답이 있으니, 당신의 말을 찾으라'는 격려가 아닐까요?

이 책은 당신이 인간관계에서 위축되고 불안할 때마다 과연 그 불안이 어디서 온 것인지 바로 볼 수 있게 해줍니다. 불안이 어디서 왔는지 알아차린다면 우리는 한결 마음이 편해집니다. 나를 잡아먹고 있는 괴물의 정체를 모르면 두려움이 극에 달하지만, 정체를 알면 당장은 기분이 나쁠지 몰라도 불안은 감소하거든요.

이 책은 불안한 내 마음의 모양을 보여주고,
그것은 내 탓이 아니었다고 내 편을 들어주며,
앞으로는 어떻게 타인의 말을 걸러내고

나는 왜 네 말을 흘려듣지 못할까

휘둘리지 않을 수 있을지 친절하게 안내해줍니다.

정말 말 한마디에 천 냥 빚을 갚을까요? 말 만 마디에 한 냥 빚을 갚지 못할 수도 있습니다. 가는 말이 고우면 오는 말이 고울까요? 가는 말은 분명 고왔는데 곱지 못한 말로 돌아올 수도 있어요. 우리 이제 말을 너무 과대평가하지 말고, 말에 대한 면역력을 튼튼하게 해주는 신경 끄기의 기술을 배워봐요. 그렇게 내 안의 말을 찾아 중심을 잡아보는 거죠. 그럼 매일 셀 수 없이 쏟아지는 수많은 말들로부터 나를 지켜낼 수 있을 거예요.

추천의 글

'타인의 말'이라는 단어를 들으면 어떤 생각이 드나요? 한번 들어봐야겠다는 긍정적인 생각이 든다면 다행이지만 '성가시다', '골치 아프다', '내키지 않는다', 심지어는 '무섭다'라고까지 느끼는 이들이 많습니다. 그렇지 않나요? 사람은 일생 동안 타인과 소통하고 관계를 맺으며 살아갑니다. 앞서 이야기한 타인의 말을 어떻게 받아들일 것인지는 관계 맺기의 기본이라고 할 수 있죠. 그런데도 우리는 이에 대해 어디서도 제대로 배우지 못했습니다.

사람들은 대체로 타인과 관계 맺는 방법, 타인의 말을 다루는 방법 등을 커가면서 자연스레 알아갑니다. 이때 정상적인 애착 관계를 기반으로 성장하지 못했거나 가정이나 학교에서 심각한 스트레스를 받았다면 문제가 생깁니다. 그대로 어른이 되면 이들 중 상당수는 계속해서 관계 맺기에 어려움을 느끼며 그 원인을 자신의 탓으로 돌리게 되죠. 또한 쉽게 타인의 말에 휘둘리는 사람이 됩니다.

- 남의 말을 귀담아 들어야 한다.
- 말은 중요하다.

지금껏 이런 말을 수없이 들어왔을 겁니다. 하지만 저는 타인의 말에 쉽게 휘둘리는 사람들에게 이런 조언은 별 도움이 되지 않는다고 말합니다. 많은 이가 이런 말들을 열심히 새겨들었지만 그 결과는 어떤가요? 결국 남의 말에 더욱 휘둘리게 되었을 뿐입니다. 내 의지와는 상관없이 나를 규정해버리는 타인의 말에 갇혀 막연한 두려움을 느끼는 사람이 한둘이 아닙니다.

물론 타인과의 관계를 무시한 채 '불통의 아이콘'이 되어도 좋다는 말은 절대 아닙니다. 아마 이 책은 그런 분들의 관심을 얻지 못할 확률이 매우 높습니다. 그보다는 평소에 타인의 말과 기분을 살피고자 노력하는 세심한 사람, 주위에서 '사려 깊다'는 말을 듣는 분들이 이 책의 독자가 될 확률이 매우 높죠. 타인을 배려하는 마음과 공감 능력이 큰 만큼 타인의 기분과 감정에 전염되기도 쉽습니다. 저는 이 책을 그런 분들을 위해 썼습니다.

사실 우리는 '말'이 지나치게 강조되는 세상을 살아가고 있습니다. 심리학과 심리상담 분야에서조차도 '말'을 굉장히 중요하게 여기죠. 이 분야의 많은

나는 왜 네 말을 흘려듣지 못할까

책들이 긍정적인 말을 강조하는 메시지를 담고 있거든요. 그런데 책이 강조하는 내용을 진지하게 받아들일수록 더욱 남의 말에 신경 쓰게 됩니다. 앞서 이야기했던 대로 성실한 사람, 착한 사람, 마음이 약한 사람일수록 더욱 고통받습니다.

우리는 말의 가치가 실제 이상으로 부풀려진 세상에 살고 있는 듯합니다. 최근 몇 년 동안 코로나바이러스 때문에 온라인 근무 시스템이 구축된 것도 이에 한몫합니다. 비대면으로는 분위기나 몸짓을 통해 상대의 의중을 파악하고 내 뜻을 전달하기 어렵기에, 오로지 '말'에만 의존하게 되거든요.

저와 같은 심리상담사의 역할은 여러 심리적 문제로 어려움을 겪는 많은 이들이 과거의 상처를 치유하고 큰 어려움 없이 살아갈 수 있도록 돕는 것입니다. 타인의 말에 자꾸 상처받는 분들을 만나며, 저

들어가며

는 심리상담사로서 이런 의문을 갖게 되었습니다. 남의 말은 어떤 상황에서든 귀담아 들어야 할까? 말 한마디에 휘둘릴 만큼 그들의 말에 엄청난 가치가 있을까?

저는 이 책을 통해 '남의 말에 휘둘리지 않는 방법'을 이야기할 생각입니다. 단순히 커뮤니케이션에 활용할 수 있는 기술에 대해 이야기하려는 것이 아닙니다. 말이란 무엇인지, 또 타인을 어떻게 받아들여야 하는지 함께 알아보려 합니다.

타인의 말을 흘려들으려면 먼저 '인간'과 '말'에 관한 지나친 환상을 제거하고, 말의 주권을 나에게로 되찾아와야 합니다. 반드시 그렇게 해야만 하는 이유를 차근차근 논리적으로 짚어봅시다. 또한 계속해서 남의 말에 휘둘리는 이들이 갖고 있는 고질적인 문제인 '애착 불안'과 '트라우마'에 대해서도 살펴볼 예정입니다. 그런 뒤에는 '흘려듣기'가 왜 필요한지 알아보고, 어떻게 흘려들을 수 있는지에 대한 구체적인 기술도 제시하겠습니다.

말을 흘려들을 줄 알게 되면 지금 당신이 겪고 있는 많은 심리적 문제 중 상당 부분을 해결할 수 있을 겁니다. 이 책을 모두 읽은 독자라면 타인의 말에 휘둘리지 않고, 주체적으로 말을 다루게 되리라 확신합니다. 더 나은 인간관계를 맺는 것은 물론이고요.

부디 이 책이 많은 분에게 조금이라도 도움이 되기를 바랍니다.

심리상담사
미키 이치타로

오늘도 타인의 말 때문에
상처받은 당신에게

누군가 무심히 던진 말 한마디가 줄곧 마음에 남은 적이 있나요? 집에 가서도, 쉬는 동안에도 계속 그 말만 떠올린 경험 말입니다. 처음엔 상대방이 별다른 의미 없이 한 말이니 '신경 써봐야 나만 손해'라고 마음을 다독여봅니다. 그런데 어느 순간부터는 머릿속이 아까 들은 말들로 가득 차버리고 말죠. 고작 이런 일에 속을 끓이느라 시간과 에너지를 낭비하는 자신이 싫어서 자책하기도 합니다.

'설마 그 말에 특별한 의미가 있었나?'

'혹시 그 사람, 나를 싫어하나? 나도 몰랐던 내 문제점을 지적한 건가?'

불쑥 이런 생각마저 덮쳐옵니다. 상대방의 말에 별 뜻이 없다는 사실을 머리로는 알지만 소용이 없죠. 생각은 꼬리에 꼬리를 물고 이어집니다. 어느새 불안한 마음으로 상대방의 말을 수십 번 곱씹으며 그 말에서 작은 단서라도 찾고자 진지해지는 자신을 발견하게 됩니다.

"이번 일 말이야, 잘 안될 것 같은데?"

누군가 나를 향해 부정적인 전망을 툭 던질 때가 있습니다. 딱히 근거가 없는 말이니 그냥 지나치면 그만이죠. 그런데 자꾸 신경이 쓰입니다. '혹시 그 말이 맞으면 어떡하지?' 하는 생각에 불안해집니다. 마치 점쟁이에게 불길한 점괘를 들었을 때처럼 기

나는 왜 네 말을 흘려듣지 못할까

분이 나쁘고요. 그 말을 머릿속에서 떨쳐내려 논리적으로 반론을 펼쳐봐도 소용없습니다.

사실 직장 생활을 하다 보면 어쩔 수 없이 상사나 고객의 말에 휘둘릴 수밖에 없습니다. 직장인으로 살면서 팀장의 지시나 고객의 항의 전화, 거래처의 요청에 귀를 닫기란 쉬운 일이 아니죠. 심지어 변덕스러운 사장 아래에서 일하는 경우라면 말할 것도 없고요. 월급을 주는 사장의 말을 직원이 어떻게 무시하겠어요. 쓴웃음을 지으며 어떻게든 그들의 말을 귀 기울여 들으려고 애써보지만 소용없는 일입니다. 상대방(사장이나 상사, 고객)은 만족하지 못하고, 나는 더욱 스트레스를 받습니다. 그러는 사이에 서로 기분만 나빠지는 악순환이 반복되고요.

남의 말을 흘려듣지 못하니 타인과 자연스럽게 대화하는 것도 어렵습니다. 대화뿐 아니라 사람과

자꾸 남의 말에 휘둘리며 상처받고 있나요?

의 만남 자체가 어색해져요. 낯을 가리게 되거나 심한 경우 대인기피증을 겪는 이들도 있습니다. 이 상태에 이르면 타인과 대화를 나눌 생각만 해도 마음이 갑갑해지죠. 거리에서 아는 사람을 마주치는 일조차 피하고 싶어집니다.

'나는 왜 이렇게 나약하고 생각이 많을까?
어째서 사람들 말에 자꾸만 휘둘리는 거지?'

혹시 당신도 이런 생각을 하고 있나요? 알고 보면 이 세상에는 이런 문제로 힘들어하는 사람들이 정말 많습니다. 당신 혼자만의 고민거리가 아니라는 얘기죠. 저는 지금껏 오랜 시간 심리상담사로 활동해왔습니다. 그 과정에서 타인의 말을 곱씹으며 고민하는 사람들, 그리고 그 결과 대인관계에 문제를 겪는 이들을 수없이 만났습니다. 그들이 나약해서, 불필요한 생각이 많아서, 성격에 문제가 있어서 괴로워한 것이 아닙니다.

'왜 나만 이런 거야?' 하는 마음은 접어두세요. 걱정하지 않아도 됩니다. 사실은 누구나 자주 타인의 말 때문에 괴로워합니다. 우리는 인간이기 때문에 인간관계로 고민하는 것이 어찌 보면 당연한 일입니다. 나만의 특별한 문제가 아니라는 사실을 아는 것만으로도 큰 도움이 되죠. '나에게 이런 문제가 있었구나!' 하고 생각하며 상황을 인지하는 것이 문제 해결의 첫걸음이 될 수 있습니다.

Point

'나는 왜 이렇게 나약한 거야?' 하는 생각은 접어두자.
상황을 인지하는 것만으로도 문제 해결의 첫걸음을
내디딘 셈이다.

자꾸 남의 말에 휘둘리며 상처받고 있나요?

'나는 왜 이렇게 나약하고, 생각이 많고,
사람들의 말에 자꾸 휘둘리는 걸까?'
그런 마음은 접어두어도 좋습니다.

타인의 말에 상처받는
사람들의 공통점

심리상담을 하면서 참 안타까운 점이 있습니다. 성실하고 착한 사람일수록 남의 말에 쉽게 휘둘린다는 사실입니다. 좋은 마음으로 잘해주면 상대도 호의를 갖고 대하는 게 일반적인 상식이죠. 하지만 세상에는 그렇지 않은 사람들이 있습니다. 잘해줘도 고마워하기는커녕 오히려 나를 우습게 보고 자기 마음대로 휘두르려 듭니다. 착한 마음을 교묘하게 이용하기도 합니다. 참 무례하죠. 그럴 땐 재치 있게 잘 받아치고 싶은데 어렵습니다. '다른 사람들은 다 지혜롭게 대처하는 듯한데 왜 나만 이럴까?'

자꾸 남의 말에 휘둘리며 상처받고 있나요?

하는 억울한 생각도 들고요. 무례한 이들에게 우아
하게 대처하는 방법을 나만 모르는 것 같아 괜히 울
컥하는 마음도 듭니다.

이렇듯 세상에는 남의 말에 휘둘리며 고민하는
사람들이 정말 많습니다. 지금부터 실제 상담 사례
를 몇 가지 이야기해보고자 합니다. 이들의 모습 속
에서 당신과 비슷한 점을 한두 가지 정도는 발견할
지도 모르겠네요.

사례 1   상사와 고객의 말에 휘둘리는 민수 씨

성실한 민수 씨는 일할 때 언제나 타인의 말을
경청하는 편입니다. 메모도 꼼꼼하게 해두죠. 신입
사원 시절에는 일 잘하는 사원이라며 칭찬을 받았
습니다. 그런데 연차가 높아질수록 여러 관계자들
사이에서 입장을 조율하는 일이 많아지다 보니 문
제가 생기기 시작했습니다. 특히 부서를 이동하고

상사가 바뀌면서 갈등이 심해졌죠.

"일을 왜 이런 식으로 처리해요? 대체 왜 내가 한 말을 하나도 제대로 알아듣지 못하죠?"

상사는 민수 씨에게 자주 이렇게 화를 냈습니다. 민수 씨는 상사의 안색까지 살펴가며 의중을 파악해보려 노력했지만 쉽지 않았습니다. 고객을 응대할 때도 비슷한 문제가 발생했습니다. 한 거래처 담당자는 민수 씨가 자신의 요청 사항을 제대로 파악하고 있지 못하다며 불평했죠. 그동안 고객에게 귀를 기울이며 열심히 일해왔다고 생각했던 민수 씨는 머리를 한 대 얻어맞은 듯한 충격을 받았습니다.

사례 2　친구의 무심한 말 한마디를 계속해서 마음에 담아두는 지연 씨

지연 씨는 사람들이 별 의미 없이 하는 말을 그

자꾸 남의 말에 휘둘리며 상처받고 있나요?

냥 넘기지 못할 때가 많습니다. 얼마 전에도 친구에게 부정적인 말 한마디를 듣고는 계속 신경이 쓰여서 견딜 수가 없었어요. 잠자리에 들기 전에도 자꾸 그 말을 곱씹게 되고, 꼬리에 꼬리를 무는 생각을 멈출 수 없었죠. 그러다 이내 친구가 자신에게 무례하게 행동했다는 생각에 화가 나 잠을 이루지 못했습니다. '다음엔 이렇게 받아쳐야지' 하고 다짐해보지만 마음은 여전히 답답합니다.

그런가 하면 어떤 사람들은 의미심장한 말들로 지연 씨를 괴롭게 합니다. 지연 씨는 지인들에게 자격증을 따기 위해 준비 중이라고 말한 적이 있습니다. 그 말을 들은 지인은 적당히 하라며 딱 한마디 했죠. 별 의미 없는 말이었지만, 지연 씨의 머릿속은 또다시 복잡해졌습니다. 그 지인이 왜 그런 말을 한 것인지 고민되기 시작했습니다. 쓸데없이 자격증만 줄줄이 취득한다는 의미로 무안을 준 것인가? 아니면 시간을 낭비한다는 뜻으로 지적한 것인가? 무슨

나는 왜 네 말을 흘려듣지 못할까

이유로 그런 말을 했는지 생각이 꼬리를 물다 보니 점점 기분이 나빠지기 시작했습니다.

지연 씨의 생각이 사실이든 아니든 그것은 중요하지 않습니다. 중요한 건 일단 부정적인 생각에 사로잡히면 도무지 거기서 벗어나기 힘들다는 점입니다. 지연 씨는 자신에 대해 이러쿵저러쿵 함부로 평가하는 주변 사람들에게 더는 자기 이야기를 하고 싶지 않습니다. 이제 사람들에게 너무 쉽게 마음을 열지 말아야겠다고 생각합니다.

사례 3 SNS의 부정적인 댓글 하나에도 분통이 터지는 다운 씨

30대 직장인 다운 씨는 종종 포털 사이트에 가벼운 기분으로 익명의 댓글을 남기곤 합니다. 정치, 연예, 시사 뉴스 등 가리지 않고 의견을 적극적으로 표현하는 편이죠. 이때 댓글에 '좋아요'가 많으면 왠지 뿌듯하지만 '싫어요'가 많으면 은근히 의기소침해집

자꾸 남의 말에 휘둘리며 상처받고 있나요?

니다. 가끔 부정적인 대댓글이 달리면 더욱 기분이
나빠집니다.

> "모르는 소리 하고 있네."
> "그렇게 우리나라가 싫으면 해외로 나가세요."
> "그건 본인 생각일 뿐."

'악플'은 종류도 참 다양하죠. '세상에는 다양한
사람이 있고 각자 생각이 다른 거지 뭐'라며 쿨하게
무시해버리고 싶습니다. 그런데 머리로는 알아도
자꾸 욱하고 화가 납니다. 결국 참지 못한 다운 씨는
대댓글을 쓰고 말았습니다. 이렇게 되면 일이 커집
니다. 거기에 다시 댓글이 달리며 인터넷상에서 한
바탕 진흙탕 싸움이 벌어지고 말죠. 업무 중에도 온
통 댓글을 다는 데 신경을 쏟은 적이 한두 번이 아닙
니다. 다운 씨는 이러는 자신이 정말 싫습니다.

사례 4 **머리 모양이나 복장까지 가족의 말에 휘둘리는 유진 씨**

유진 씨는 본인에게 특정 헤어스타일은 어울리지 않으며, 분홍색 옷 외에는 별로라는 고정관념을 갖고 있습니다. 친구나 연인이 어울릴 만한 옷을 제안해도 새로운 시도를 해볼 생각이 전혀 없습니다. 유진 씨는 10대 시절 엄마에게서 '그런 스타일은 너에게 어울리지 않는다'는 지적을 자주 받았다고 합니다. 그의 언니 또한 '그런 헤어스타일은 하지 말라'고 충고했죠. 오랜 시간이 지났지만 유진 씨는 엄마와 언니의 말이 진리인 양 굳게 믿고 있습니다.

지금까지 남의 말에 휘둘리는 이들의 대표적인 사례를 정리해보았습니다. 그런데 유독 남의 말에 잘 휘둘리는 사람들이 보이는 몇 가지 공통점이 있습니다. 다음 체크 리스트를 읽고, 나와 겹치는 부분이 있는지 한번 확인해봅시다.

자꾸 남의 말에 휘둘리며 상처받고 있나요?

타인의 말에 휘둘리는 사람들은
대체로 자신을 낮게 평가하는 경향이 있습니다.
성실하고 착한 사람일수록 남의 말에 쉽게 휘둘리죠.

◆ 진지하고 성실하다.

◆ 의미 없는 말은 없다고 생각한다.

◆ 남의 말을 진지하게 귀담아듣는 편이다.

◆ 문제가 생기면 다 내 탓인 것 같다.

◆ 무례한 말을 들어도 반박하거나 화내지 못한다.

◆ 타인에게 지적받은 내용을 토대로 개선하려고 노력한다.

◆ 상대방이 화가 나 있거나 기분 나쁘지는 않은지 신경 쓰인다.

◆ 남의 말을 대강 흘려듣기가 너무 힘들다.

◆ 남의 말을 제대로 듣지 않으면 내 평판이 나빠지고, 인간관계도 나빠질 것 같은 불안감이 든다.

※47쪽에 '남의 말에 휘둘리는 정도'를 알아보는 '자가 진단 테스트'가 있습니다. 나는 어느 정도로 타인에게 휘둘리는지 각자 테스트해보세요.

당신은 이 중 몇 개의 항목에 해당하나요? 앞의 내용을 보면, 타인에게 휘둘리는 사람들은 대체로 '타인의 말' 자체를 중요하게 여기고 자신을 낮게 평가하는 경향이 있습니다. 그럼 필연적으로 괴로운 상황과 맞닥뜨리게 됩니다. 상사가 툭 던지는 말에 상처받고, 친구의 말 한마디가 계속해서 머릿속에 맴돌죠.

이러한 상황에서 벗어나려면 어떻게 해야 할까요? '무례한 사람에게 대처하는 법'이나 '타인을 신경 쓰지 않는 방법' 등의 가벼운 처세술로는 문제를 해결할 수 없습니다. 갑자기 의사소통 능력을 키우기도 어렵고, 마음을 다스리는 법을 배운다고 마음이 편해지지도 않을 겁니다.

그럼 어떻게 해야 할까요? 저는 이 책에서 제일 먼저 '남의 말'에 대한 근원적인 성찰을 해볼 예정입니다. 그다음에는 자꾸 부정적인 표현으로 타인에게 상처를 주는 사람의 심리를 살펴보려 합니다. 또한 그런 말들을 흘려듣지 못하고 이리저리 끌려다니는 사람의 심리도 들여다보고자 합니다.

Point

혹시 내가 남의 말에 잘 휘둘리는 사람은 아닌지 한번 체크해보자. 리스트에서 나와 겹치는 부분이 많다면 지금부터 찬찬히 문제를 해결해볼 시간이다. ·

자꾸 남의 말에 휘둘리며 상처받고 있나요?

말하고 듣는 대로
이루어진다는 거짓말

왜 우리는 자꾸만 타인의 말에 휘둘릴까요? 지금
껏 우리는 타인의 말을 잘 들어야 한다고 배워왔습
니다. 그러니 타인의 말에 휘둘리는 게 너무 당연한
일입니다. 어린 시절 학교에서는 '선생님 말씀을 잘
들어야 한다'는 말을 귀에 딱지가 앉도록 들었을 겁
니다. '말 안 듣는 아이'는 그야말로 문제아의 대명
사로 통했죠. 또한 말을 가려서 해야 한다고도 배웠
습니다. 사회화 과정 속에서 무엇보다도 말의 중요
함에 대해 학습해왔죠.

성인이 되어 사회에 나가면 선생님 대신 상사나 선배, 고객의 말에 반드시 귀를 기울여야 합니다. '남의 말 안 듣는 사람', '듣는 귀가 없는 사람'이라는 말은 사회생활에서 받을 수 있는 최악의 평가죠. 독선적이고 그릇이 작은 사람이라는 뜻이기 때문입니다. 예를 들어, 미국의 전 대통령 트럼프는 '불통'의 아이콘으로 유명했습니다. 기자가 바른 소리를 해도 듣지 않았고, 자신과 다른 의견을 낸 직원은 바로 해임해버렸죠. 그런 면을 닮고 싶어 하는 사람은 거의 없을 겁니다.

직장에서는 상사와 동료, 거래처의 말에 귀를 기울여야 합니다. 리더 역시 마찬가지죠. 요즘은 '경청하는 리더'가 더욱 높이 평가받는 시대라고들 합니다. 압도적인 카리스마로 상대방을 가르치고 지시하는 유형의 리더보다는 부하 직원의 이야기를 잘 듣고 잠재력을 끌어내는 능력이 더욱 높이 평가받

자꾸 남의 말에 휘둘리며 상처받고 있나요?

죠. 그런가 하면 아픈 말, 쓴 말일수록 달게 듣고 고쳐야 한다고 주장하는 이들이 있습니다. 평범한 사람이 그렇게 단단한 마인드를 가지기란 쉽지 않을 텐데 말입니다. 우리는 상대의 말과 요청을 이해하고 귀를 기울이는 일이 그 어느 때보다 중요해진 시대에 살고 있습니다.

한편 듣는 것뿐만 아니라 긍정적으로 말하는 것도 중요하다고들 합니다. 최근에는 좀 뜸해졌지만, 한때 수많은 자기계발서가 외치는 메시지가 있었습니다. 바로 '말하는 대로 된다'는 것입니다. 말하는 순간 그 내용이 이미지로 남고, 이미지는 잠재의식에 각인되어 평소의 사고방식과 행동에 영향을 끼치고, 결국 실제로 이루어진다는 논리죠. 한 성공한 기업인은 자신의 목표나 희망을 수첩에 기록하면 실제로 이뤄진다는 내용의 책을 출간하기도 했습니다. 어쩌면 당신도 간절히 바라는 무언가를 종이에

써본 경험이 있을지도 모르겠네요. 그런다고 해서 소원이 이뤄지는 일은 매우 드물지만 말입니다.

그렇습니다. 문제는 '말'일 수도 있습니다. 더욱 정확히 말하면 '타인의 말'을 무엇보다도 중요하게 생각하는 암묵적인 사회 분위기가 문제일 수 있습니다. 여러 번 강조하지만, 타인의 말에 귀를 기울이고 원활히 소통하려는 노력 자체가 잘못되었다는 뜻은 절대 아닙니다. 모든 소통의 방향이 '타인'에게 집중되어서는 안 된다는 뜻입니다. 혹여나 남의 말 한마디에도 흔들리는 지경에 이르렀다면, 무엇이 문제인지 반드시 짚고 넘어가야 합니다.

다시 한번 차분하게 생각해봅시다. 아무래도 문제가 풀리지 않는다면 전제부터 틀린 것은 아닐까요? 마치 콜롬버스의 달걀처럼 깨닫고 나면 매우 간단한데 그 전까지는 아무도 알아차리지 못하는 진실들이 있습니다. 타인의 말에 휘둘리지 않도록 흘려듣는 기술을 익히려면 전제부터 다시 의심해봐야 합니다. 절대 흔들 수 없는 진리 같았던 바로 그 말, '남의 말을 경청해야 한다'는 전제 말입니다.

Point

문제를 해결할 수 없다면 전제가 잘못되었는지 살펴보자. 정말 다른 사람의 말을 잘 듣는 것이 그렇게 중요한 일일까?

나는 왜 네 말을 흘려듣지 못할까

☐ 남들이 나를 어떻게 생각하는지 자주 신경 쓴다.

☐ 남이 하는 말은 되도록 들어주려고 애쓴다.

☐ 남의 말을 흘려들으면 자신의 평판이 나빠질 것 같다.

☐ 남이 하는 말에는 진지하게 귀를 기울여야 한다.

☐ 상사의 지시는 가능한 한 실행해야 한다.

☐ 고객의 요청은 가능한 한 들어주어야 한다.

☐ 평소 착하고 성실하다.

☐ 타인을 진심으로 대하려고 애쓴다.

☐ 남의 말을 흘려들으면 인간관계가 나빠질 것 같다.

☐ 상대방이 화가 나 있거나 기분 나쁘지는 않은지 신경 쓰인다.

☐ 거짓말을 하지 못한다.

☐ 나만의 비밀을 만들지 못하는 편이다.

☐ 좋은 사람이 되고 싶다.

☐ 무례하고 부당한 대우를 받아도 반박하거나 화내지 못한다.

☐ 어떤 말이든 나름의 진실을 담고 있을 것이다.

- ☐ 자신에 대한 지적이 아플수록 귀를 기울여야 한다.
- ☐ 의미심장한 말에 진심이 담겨 있는 법이다.
- ☐ 문제가 생기면 어쩐지 내 탓인 것 같다.
- ☐ 타인에게 지적받으면 개선하려고 노력한다.
- ☐ 남의 말을 대강 흘려듣고 대화하기가 도무지 쉽지 않다.
- ☐ 독단적인 사람이 되고 싶지 않다.
- ☐ 다른 사람들은 내가 간과한 중요한 지식이나 정보를 갖고 있을 것 같다.
- ☐ 되도록 다른 사람의 의견을 들은 뒤 결정하는 것이 좋다.
- ☐ 대체로 자신이 없는 편이다.
- ☐ 내 의견을 자신 있게 말하기가 어렵다.
- ☐ 말에는 현실을 바꾸는 힘이 있다고 믿는다.
- ☐ 내 의견을 말하면 미움받을 것 같은 생각이 들 때가 종종 있다.
- ☐ 남들이 내 생각을 이상하다고 여기진 않을지 불안해질 때가 있다.
- ☐ 칭찬을 들으면 하루 종일 기분이 좋고 들뜬다.

테스트 결과, 17개 이상 체크했다면 당신은 '타인의 말에 매우 휘둘리는 편'에 속합니다. 이 책을 통해 '말'에 대한 생각을 다시 정리해보면 어떨까요? (만약 생각의 전환이 쉽게 일어나지 않고 심리적인 문제가 계속된다면 전문가의 도움을 받아보세요. 심리상담 등을 통해 문제를 적극적으로 해결해보는 것도 좋은 대안입니다.)

혼자 있는 공간에서
자꾸 난폭해지는 사람의 심리

예전에 운전을 막 시작했을 때의 일입니다. 면허를 딴 지 오래되어서 연수를 받기로 했습니다. 처음에는 한적한 길에서 주행하다가 점점 중심가로 이동했죠. 더 익숙해지면 대형 쇼핑몰에 가거나 멀리 교외로 나갔습니다. 운전 중에 가벼운 대화를 나누기도 했는데, 그때 한창 이슈가 되었던 보복 운전에 대해 제가 강사에게 물어보았던 기억이 납니다. 보복 운전 때문에 일어난 교통사고로 인명 피해가 크게 난 일이 뉴스에 보도되었기 때문이죠. 이미 여러 나라에서 보복 운전을 금지하는 법안이 도입되었을

왜 그들은 타인에게 상처를 줄까요?

정도로 보복 운전은 심각한 문제였습니다.

　"강사님, 요즘 보복 운전이 많다면서요?"
　"그렇더라고요. 뉴스에 심심찮게 나오는데, 기사만 읽어도 정말 무서워요."
　"그런데요, 왜 어떤 사람들은 운전대만 잡으면 돌변하는 걸까요?"
　"차 안은 사적인 공간이잖아요. 혼자 있다 보니 긴장이 풀어져서 본성이 나오는 것 같아요."

　강사의 답변은 제가 심리상담사로서 알고 있는 전문 지식과도 일치했습니다. 비로소 보복 운전을 하는 사람들의 심리에 대해 의문이 풀리는 듯했습니다. 사적(私的)인 공간이라는 것이 포인트였죠. 공적(公的)인 공간에서는 문제가 전혀 없는 사람들도 자신만의 사적인 공간에서는 평소보다 폭력적으로 행동하는 경향이 있었습니다.

공적인 공간에서는 문제가 전혀 없는 사람들도
사적인 공간에서는 평소보다 폭력적으로 행동하는
경향이 있습니다.

운전대만 잡으면 인격이 바뀌는 이들처럼 '가정 폭력'을 저지르는 가해자들도 사적인 공간에 들어서면 싹 달라집니다. 남들이 보지 않는 곳에서 가족에게 폭력을 일삼는 것이죠. 가정 폭력을 저지르는 가해자들에겐 어떤 문제가 있는 걸까요?

이들의 문제는 대체로 결핍에 기인합니다. 그들은 가족, 연인 등 가까운 사람을 폭력으로 통제함으로써 본인의 결핍을 채우려 하죠. 특히 이들은 밖에서는 싹싹하고 친절하게 행동하면서 집에서는 말 그대로 '괴물'로 돌변하는 경우가 많습니다. 여기에서 느껴지는 괴리 때문에 피해자는 혼란스러워집니다. 피해자 스스로 '나에게 문제가 있는 것은 아닌가' 하는 착각에 빠지는 겁니다.

학교 폭력도 이와 비슷한 양상을 띱니다. 수많은 아이들이 지켜보는데 교실에서 당당하게 폭력을 휘두르는 가해 학생은 그리 많지 않습니다. 주로 피해 학생과 단둘이 마주하는 공간에서 다른 얼굴로 돌변해 폭력을 행사하곤 하죠. 놀라운 것은 교사나 학부모에게서 좋은 평가를 받는 학생이 가해 학생인 경우가 적지 않다는 점입니다. 평소 리더십이 있고 성적도 좋아서 어른들의 신뢰가 두터운 아이들이 약자인 친구를 괴롭히는 경우가 상당히 많았습니다. 이들은 폭행과 폭언을 일삼으며 상대의 심리를 무너뜨립니다.

"다 너 때문에 일어난 일이야."
"네가 이렇게 자꾸 눈치 없이 구니까 내가 화를 내는 거야. 도대체 같은 말을 몇 번이나 반복하게 만드는 거야?"

직장에서도 마찬가지입니다. 심한 말로 타인에게 상처를 주는 사람들이 있죠.

왜 그들은 타인에게 상처를 줄까요?

"머리는 장식으로 갖고 다녀? 일을 이렇게 하고 밥이 넘어가니?"

"이걸 완성본이라고 들고 온 거예요? 이딴 식으로 어설프게 일하니까 내가 자꾸 지적할 수밖에 없잖아요?"

때로는 욕설은 아니지만 피해자의 심리를 은밀히 조종하며 무너뜨리는 교묘한 언어폭력을 행사하기도 합니다. 오랜 시간 언어폭력에 시달리면 피해자는 대항할 힘을 잃고 맙니다. 심지어 가해자가 주위에서 좋은 평가를 받는 사람이라면 어떨까요? 제삼자가 나서서 가해자를 두둔하며 '그럴 사람이 아니다'라고 말하면 어떨까요? 자신의 억울함을 증명할 길 없는 피해자는 결국 문제의 원인을 자신에게서 찾으려 합니다. '어쩌면 나에게 문제가 있는 게 아닐까?' 하고 합리화하며 문제의 화살을 자신에게로 돌리는 최악의 상황에 이르는 것이죠. 저는 폭언에 시달리며 오랜 시간 상처받은 이들에게 이런 말을 반드시 전하고 싶습니다.

"당신에게 폭언을 일삼은 그 사람은 절대 '정상' 이 아닙니다."

가해자가 공적인 세계에서 인정받는 사람이라고 해서 그의 말이 모두 타당한 것은 아닙니다. 주위 평판이 좋고, 학교에서 인기가 많다고 해서 가해자의 잘못된 행동이 정당화될 수는 없습니다. 어찌 되었든 잘못은 잘못이고 폭력은 폭력이니까요. 그건 결국 그 사람의 책임입니다. 따라서 그 사람이 그렇게 행동하는 데는 나름의 이유가 있을 것이라는 전제 자체를 무너뜨리는 것이 관건입니다.

다시 한번 강조하고 싶습니다. 절대 당신의 잘못이 아닙니다.

절대 '내가 잘못해서 상대가 폭력을 휘두르는 것이다'
라고 생각하지 말아야 한다. 어떤 이유에서건 폭력은
정당화될 수 없다. 그가 공적인 세계에서 아무리 인정
을 받는 사람이라 하더라도 말이다.

불안정한 인간이라
불안정한 말을 내뱉는다

"꽤 오래 만난 사람이었어요. 하루 종일 메시지를 주고받았고 주말에는 매번 붙어 있을 만큼 가까웠죠. 그런데 어느 날, 사소한 일로 다투고는 그 뒤로 연락을 뚝 끊어버리는 거예요. 무엇 때문에 그러느냐고, 내가 미안하다고 말해도 소용없었어요. 그 뒤로 연애는 물론이고 인간관계 자체에 회의가 생긴 것 같아요. 누구를 만나기가 두려워요."

저는 심리상담을 할 때 첫 면담에서는 내담자의

왜 그들은 타인에게 상처를 줄까요?

과거에 대해 자세히 묻습니다. 유아기부터 학창 시절, 사회인이 되기까지 내담자가 겪은 일들을 확인하기 위해서죠. 내담자는 자신의 인생에서 충격적이었던 사건들을 털어놓습니다. 그런데 위와 같이 갑자기 돌변해 상처를 주는 타인 때문에 마음의 문을 닫아버린 사례가 많았습니다. 어쩌면 당신도 비슷한 경험을 했을지 모르겠네요.

제게도 그런 일이 있었습니다. 예전에 회사에 다닐 때의 일입니다. 야근을 하던 중 옆자리 동료가 난데없이 제게 폭언을 퍼부었습니다. 그냥 불평 정도가 아니라 너무도 당당하게 폭언을 하며 '일을 이딴 식으로 하니까 당신이 그 정도에 머무르는 것'이라며 마구 소리를 질렀죠. 직장 생활을 함께하는 동안 그가 그러는 것은 처음 보았습니다. 저는 너무나 당황했고 어안이 벙벙한 채 아무 대응도 하지 못했습니다. 그 동료는 사내에서 평판이 꽤 좋은 사람이었죠.

나는 왜 네 말을 흘려듣지 못할까

저와 비슷한 일을 겪은 가수도 있습니다. 예전에 라이브 공연을 보러 갔을 때의 일입니다. 그 가수는 자신이 왜 '친구'를 주제로 한 노래를 만들게 되었는지 이야기했습니다. 초등학교 시절 매일같이 함께하며 영혼의 단짝으로 여기던 친구가 있었다고 해요. 그런데 어느 날 갑자기 그 친구가 자신에게 폭언을 하더니 친구 관계를 끊어버렸다고 합니다. 왜 절교를 하는지 이유를 물었지만 끝까지 아무런 이야기도 하지 않았다고 했죠. 초등학생 시절의 짧은 우정은 그렇게 끝나버렸습니다. 노래에 얽힌 기억을 이야기하며 그 가수는 눈물을 흘렸습니다. 몇십 년이 지났지만 그 가수는 그때의 충격적인 사건에서 벗어나지 못하고 있었습니다.

사람들은 종종 이해할 수 없는 말과 행동을 갑자기 합니다. 그들은 왜 갑자기 이상해졌을까요? 어째서 타인을 아프게 하는 말을 아무렇지도 않게 내뱉

왜 그들은 타인에게 상처를 줄까요?

을까요? 저는 여러 임상 사례를 바탕으로 학술적인 근거를 탐구했습니다. 이 과정에서 앞서 운전 강사와 나눈 짤막한 대화가 영감을 주었습니다. 제가 세운 가설은 다음과 같습니다.

사람은 공(公)적 영역이 흔들리면 불안정해지기 쉽다.

먼저 사(私)적 영역과 공적 영역이 무엇인지 알아봅시다. 유아기 인간에게는 사적인 영역만이 있습니다. 배고프면 배가 고프다고 울고, 졸리면 졸리다고 떼를 씁니다. 점차 아기는 부모와 애착 관계(양육자와 아기 사이에 형성되는 정서적 관계)를 맺으며 사회적 인격을 형성해나갑니다. 초등학교에 입학할 즈음이 되면 더 이상은 배가 고프다는 이유로 울지 않게 되죠. 그즈음에는 이미 사회성이 발달하여 공적 인격을 갖게 되기 때문입니다.

나는 왜 네 말을 흘려듣지 못할까

물론 어른이 되었다고 해서 사적인 영역이 사라지는 것은 아닙니다. 인간은 누구나 내면에 다양한 생각들을 갖고 있으며 시시각각 감정의 소용돌이에 휘말립니다. 피곤하다거나 일하기 싫다는 일상적인 불평부터 눈앞의 대상에 대한 평가나 불만, 그리고 때로는 말로 표현하기 곤란한 내용들까지 사적인 영역에 머무르는 생각들은 매우 다양하죠. 만약 모든 사람이 이런 사적인 생각과 감정을 있는 그대로 내보인다면 세상은 아수라장이 될 겁니다. 다행히 교육이라는 사회화 과정을 통해 사람은 사적인 영역에서 공적인 영역으로 나아가게 되죠. 이는 마치 철광석이나 원유 같은 원재료가 다양한 가공을 통해 유익한 제품이 되는 것과 같습니다.

공적인 영역으로 나아가지 못하는 인간이 어떤 삶을 사는지 생각해봅시다. 대표적인 사례가 '은둔형 외톨이'입니다. 그들은 취업 실패, 정신적 어려움

왜 그들은 타인에게 상처를 줄까요?

등 다양한 이유로 사회와의 단절을 선택하고, 절대로 방에서 나오지 않으려 합니다. 그런데 이들이 머무른 곳, 오로지 사적인 공간은 결코 안락하거나 건강하지 않습니다. 초조함이 감도는 불안한 곳에서 그들은 그저 웅크릴 뿐이죠. 이처럼 우리는 오로지 사적인 영역만으로 가득한 생활을 절대 건강하다고 여기지 않습니다. 심지어 시간과 돈, 자유가 보장되어 있어도 사회적(공적)인 자신의 위치가 만족스럽지 않기에 괴로워하고 초조해하는 이들도 있습니다.

공적 영역이 흔들리면 어떻게 될까요? 주위의 기대나 사회적 지위, 부여받은 역할을 잃으면 누구나 금세 불안정해질 수 있습니다. 심리적으로 건강한 사람도 직장을 잃으면 순간적으로 흔들리게 마련입니다. 저 또한 회사에 다니던 시절, 큰 프로젝트가 끝나고 나면 마음이 허전하고 불안했습니다. 갑자기 할 일이 없어지니 마치 쓸모없는 사람이 된 듯한 기분이 들었기 때문입니다. 잠시 손이 비었다는 것만으로도 그런 감정을 느낄 수 있다는 사실에 놀랐던 기억이 납니다. 그러니 '실직' 등으로 사회적 지위와 역할을 상실하는 일은 당사자에게 상상 이상의 큰 타격일 것입니다.

그런데 사실 생각보다 작은 결핍으로도 공적 영역은 흔들릴 수 있습니다. 수면 부족, 영양 부족, 운동 부족 상태이거나 과도한 스트레스를 받으면 공적 영역이 힘을 잃습니다. 내가 몸이 아플 때 타인에게 어떻게 대했는지를 떠올려보면 쉽게 알 수 있습니다. 평소와는 달리 날카롭고 예민하게 반응했을 수도 있죠. 일본의 한 만화에는 주인공 여자아이가 할머니에게 고민을 털어놓는 장면이 나옵니다. 걱정하는 눈빛이 가득한 아이에게 할머니는 다음과 같이 현명한 조언을 건넵니다.

왜 그들은 타인에게 상처를 줄까요?

"얘야, 아직도 그 생각을 하고 있니? 사람은 배가 고프고 추우면 안 돼. 일단 먹어. 먹지도 않고 생각해봐야 뾰족한 수가 없다니까."

실제로 부적절한 영양 섭취가 우울증과 같은 질병으로 이어질 수 있음은 익히 알려진 사실입니다. 괜히 수많은 의사들이 잘 먹고, 잘 자고, 적당히 운동하기를 권하는 게 아닙니다. 할머니의 말이 맞습니다. 모든 사람은 배가 고프거나 춥거나 피곤하다는 이유만으로도 제대로 된 생각을 하지 못하는 약한 존재입니다.

정리하면 다음과 같습니다. 사람은 아주 작은 일로도 흔들립니다. 커다란 심리적 문제 외에도 수면 부족이나 영양 부족, 운동 부족 등의 일상적인 문제로도 공적 영역이 제대로 기능하지 않을 수 있습니다. 비유하자면 인간은 사적 영역이라는 바다에 뜬 불안정한 조각배 같은 존재입니다. 흔들리는 배 위에서 중심을 잡으며 사회적 인간으로 살아가고 있죠. 하지만 비바람이 불고 파도가 거세지면 배는 위태롭게 흔들리고, 배가 뒤집혀 위기에 처하기도 합니다. 결국 모든 인간은 조각배 위에서 위태롭게 균형을 잡으며 망망대해를 건너는 중입니다.

우리는 '간신히' 멀쩡한 상태를 유지하고 있습니다. 심신이 안정적인 상태에서 부여받은 사회적인 지위와 역할을 지키고 살아가므로 멀쩡해 보이는 것뿐이죠. 이렇듯 불완전한 사람이 하는 말을 과연 어느 정도 신뢰할 수 있을까요?

Point

사람은 공적인 영역이 조금이라도 흔들리면 불안정해지는 나약한 존재다. 이렇게 불완전한 사람이 하는 말을 과연 어느 정도 신뢰할 수 있을까?

왜 그들은 타인에게 상처를 줄까요?

'결핍' 때문에 누구나
못된 말을 할 수 있다

우리는 타인의 말에 큰 영향을 받습니다. 자신에 대해 누군가 조금만 나쁘게 평가해도 속상하고 자존감이 무너지죠. 반대로 조금 좋은 평가를 들으면 며칠 동안 기분이 좋아서 들떠 있기도 합니다. 어떤 쪽이든 말에 휘둘린다는 점은 동일합니다. 왜 자꾸 타인의 말에 휘둘리는 걸까요? 상대방의 말을 통해서 그가 오래 품고 있던 마음, 즉 '진심'을 알게 되었다고 믿기 때문입니다.

그러나 지금 이 순간에도 인간의 생각은 변화하

고 있습니다. 생각은 고정된 게 아니라 흘러가는 것이죠. 상대방이 내게 한 말이 '진심'이라고 단정 지을 수 없으며, 어떤 말이 진짜 본심인지 알아내기도 어렵습니다. 이 점을 이해한다면 타인의 말에 조금은 덜 흔들릴 겁니다. 그러나 이를 알아도 폭언에 흔들릴 수 밖에 없는 게 사람의 심리인데요. 왜 누군가는 그렇게 상처 되는 말을 아무렇지도 않게 내뱉는 걸까요? 이번에는 내게 폭언을 가한 상대방의 심리를 파헤쳐봅시다.

어떤 이들이 주로 폭언을 하는 가해자가 될까요? 대부분의 경우 원래부터 극심한 심리적 결핍을 갖고 있는 사람이 가해자가 되는 경우가 많습니다. 가족 간의 불화와 괴롭힘, 혹은 다른 곳에서 당한 '갑질'이 마음속 결핍 및 스트레스로 자리 잡고, 이것이 타인을 향한 부정적인 에너지로 표출되는 것입니다. 나를 향한 폭언은 그의 '내부'가 아니라 '외부'

왜 그들은 타인에게 상처를 줄까요?

에서 비롯되었을 수 있습니다. (물론 그렇다고 해서 가해자의 행위가 정당화되는 것은 아닙니다.) 그러니 그의 말은 그의 진심이라고 볼 수 없으며, 진실이라고 볼 수도 없습니다. 진실이 아닌 말에 상처를 받을 필요도 없겠죠.

> "차라리 원래부터 못된 인간이 그러면 무시하기라도 하죠. 제가 평소 믿고 따르는 사람이 저에게 상처를 주는 말을 할 땐 정말 너무 힘들어요."

이런 고민을 하는 이들이 있습니다. 이들은 평소 주위 평판이 좋거나 믿을 만한 사람이 하는 말에는 더욱 귀를 기울이는 편입니다. 역설적으로 이런 이유 때문에 더욱 힘들어지죠. 그럴 때도 인간은 불안정해지기 쉬운 존재라는 사실을 다시금 기억해야 합니다. 나에게 상처가 되는 말을 한 그가 평소 성품이 온화하고, 평판이 좋고, 사교적이며 사람들에게서 신뢰받는 사람이라 해도 예외는 없습니다. 누구든 공적 영역이 흐트러지면 불안정해질 수 있다는 사실을 반드시 기억해야 합니다. 내가 믿는 그 사람도 예외가 아닙니다.

심지어 사회적인 지위가 높은데 마음속으로는 극심한 결핍감을 느끼는 이들도 있습니다. 『고르고13』으로 유명한 만화가 사이토 다카오의 일화입니다. 당시 만화계는 디즈니처럼 귀여운 그림체 일색이었죠. 사이토는 사실적이고 생생한 그림체로 만화를 그리며 새로운 바람을 일으켰고, 자신만의 스타일을 확립했다는 평가를 받습니다. 그런 그도 '만화의 신'이라 불리는 데즈카 오사무에게서 '이렇게 동심을 잃은 그림은 못 쓴다'라는 혹평을 들은 적이 있다고 합니다. 그 말을 들은 사이토의 기분은 매우 참담했을 겁니다. 다행히 사이토는 자신에게 쏟아진 악평을 원동력 삼아 더욱 열심히 만화를 그렸기

왜 그들은 타인에게 상처를 줄까요?

에 일본 만화의 거장으로 남을 수 있었습니다.

그런데 '만화의 신'이라 불리는 데즈카는 왜 가능성 있는 만화가에게 그런 악평을 했을까요? 사실 그는 경쟁심과 질투심이 엄청난 인물이었습니다. 이전에도 이런 식으로 동료를 깎아내리는 발언을 해 구설에 오른 적이 있었습니다. 그의 라이벌과도 비슷한 문제로 싸움이 났었죠. 결국 데즈카 오사무는 '질투가 나서 그랬다'며 잘못을 인정했다고 합니다. 수많은 이들의 인정을 받는 만화의 신도 마음속에는 '두려움'이 있었습니다. 언제까지나 1등 자리를 지키리란 법이 없기 때문입니다. 데즈카는 동료와 후배에게 쫓기고 있다는 공포와 스트레스로 '공적 영역'이 흐트러졌을 겁니다. 신이라 불린 그도 인간적인 감정으로 악평을 쏟아내는 평범한 사람일 뿐이었습니다.

나는 왜 네 말을 흘려듣지 못할까

메이지대학 교수를 역임한 가시마 시게루는 『자기 과시의 근대학』이라는 책을 통해 인간의 의사소통 대부분이 자기 과시와 자기애의 표현으로 이루어져 있다고 주장했습니다. 우리는 소위 '훌륭한 사람'이 하는 말은 지극히 이성적이리라 기대하지만 현실은 그렇지 않다는 겁니다. 그들도 때로는 자존심과 자기애로 똘똘 뭉쳐 있으며, 타인을 휘두르기 위한 도구로 말을 사용할 때가 많다고 강조했습니다. 어쩌면 데카르트, 칸트, 헤겔, 하이데거 같은 전설적인 철학자들 역시 자기 과시를 위한 발언을 여러 차례 했을지도 모를 일입니다. 다만 절대적인 신뢰를 받는 학자이니, 무슨 말을 해도 사람들의 인정을 받았을 가능성이 높을 뿐이죠. 실제로 저명한 교수가 엉터리 논문을 써서 통과한 사례도 여러 번 있었습니다.

유명 학자나 정치인, 스포츠 스타 역시 동시대

경쟁자들과 함께 치열하게 살아가는 평범한 사람입니다. 그들인들 허영심과 명예욕, 초조함, 불안함이 왜 없겠어요. 또한 이런 감정들은 그들이 하는 말에 반영되어 있을 테고요. 바로 이것이 훌륭한 사람, 유명한 전문가가 하는 말이라고 해서 무턱대고 믿으면 안 되는 이유입니다.

Point

유명한 사람, 저명한 전문가의 말도 무조건 믿어서는 안 된다. 그들도 명예욕, 허영심, 초조함, 불안함을 가진 우리와 다를 바 없는 인간이기 때문이다.

나는 왜 네 말을 흘려듣지 못할까

상대를 깎아내려서
자신을 높이는 사람들의 심리

　인간의 자존감은 아주 작은 일로도 쉽게 무너질 수 있습니다. 회사에서 나쁜 평가를 받는다거나, 가족과의 관계가 원만하지 못하다거나, 혹은 사랑하는 연인과 이별했다거나 하는 일로도 마음이 무너지고 맙니다. 'Iʼm OK', 즉 '난 괜찮아'가 아닌 상태는 누구에게나 찾아오게 마련이죠. 그럴 때 마음을 지혜롭게 다스리며 스스로 문제를 해결하는 사람들이 있는 반면, 어떤 이들은 타인을 향해 'You are not OK', 즉 '너는 괜찮지 않아'라며 자신의 자존감을 채우려 하죠. 이들은 타인의 감정을 소모하고 희망을

왜 그들은 타인에게 상처를 줄까요?

갉아먹는 '에너지 도둑'이라고도 할 수 있습니다. 그들은 타인을 깎아내림으로써 상대적으로 자신을 끌어올리려 애씁니다.

　예를 들어, 직장에서 성과가 좋지 않아 오랫동안 승진에서 누락되어 고민하는 사람이 있다고 가정해 봅시다. 이를 해결하는 바람직한 방향은 자신의 문제를 여러 각도에서 바라보고 개선점을 찾는 것일 테죠. 상사나 동료에게 솔직히 털어놓고 도움을 요청하거나, 외부 교육을 받거나, 이직을 고려해볼 수도 있습니다. 그런데 에너지 도둑은 그렇게 하지 않습니다. 이보다 더 간편한 방법을 통해 자존감을 끌어올립니다. 일에 열정을 다하는 주위 동료에게 "그렇게 열심히 한다고 월급 더 줄 것 같아? 어차피 직장 생활 거기서 거기야." 하며 핀잔을 주는 식입니다. 'I'm not OK'를 'You are not OK'로 바꾸어 자신의 자존감을 챙기는 사례라고 할 수 있습니다. 이러한

태도는 자신에게도 타인에게도 그다지 바람직하지
않습니다.

신기하게도 에너지 도둑은 그들이 쉽게 다룰 만
한 상대를 기가 막히게 찾아냅니다. 자신감이 부족
한 사람, 양심의 가책을 느끼는 사람, 결핍으로 괴로
워하는 사람 등이 에너지 도둑의 먹잇감이 되기 쉽
습니다. 이들은 상대방의 약점을 잡아서 그럴듯한
말로 상대를 공략하고 조종합니다. 그리고 마치 자
신에게 상대를 통제할 권리라도 있는 양 행세하고
마음껏 '갑질'을 하죠. 회사에서 '일을 왜 이 따위로
했느냐'며 폭언을 퍼붓는 상사를 떠올려봅시다. 상
사라고 해서 부하 직원의 인격을 깎아내릴 권리는
없는데도 그는 마치 신이라도 된 듯 막말을 합니다.
이런 상황에서 부하 직원이 자존감을 지키기는 매
우 힘듭니다. 그러나 에너지 도둑의 부정적인 말과
갑질은 그들의 결핍을 해소하려는 욕구에서 비롯된

왜 그들은 타인에게 상처를 줄까요?

타인을 깎아내림으로써 자신의 자존감을 채우려는
에너지 도둑을 주의해야 합니다.

것에 지나지 않습니다. 이들의 부정적인 말에 말려
들 필요가 전혀 없다는 뜻이죠.

에너지 도둑의 폭언에 대처하는 방식

"머리는 장식으로 달고 다니나요? 도대체 일을
왜 이렇게 하는 거죠?(에너지 도둑)"

→ '내가 일을 제대로 못해서 팀장님이 화가 난
것 같아. 난 왜 이 모양일까?' (✕)
→ '아무리 직급이 높은 회사 상사라도, 내 일처
리가 미흡했다고 해도, 나에게 폭언을 할 권리는
없어. 내가 일을 잘못 처리한 것은 반성하자. 하
지만 상사의 이런 말은 내 마음에서 완전히 몰아
내버려야 해.' (〇)

우리는 세상 어느 누구도 상대의 인격을 판단할
권리가 없다는 사실을 반드시 기억해야 합니다. 상

왜 그들은 타인에게 상처를 줄까요?

대의 인격을 부정하고 자기 마음대로 바꿀 권리 또한 없습니다. 회사 상사, 동료, 부모, 형제, 배우자, 친구…. 아무리 나와 가깝고 내 인생에 큰 영향을 끼치는 사람이라고 해도 마찬가지입니다. 마치 신이라도 된 듯이 행동하는 그들의 말을 내 안에 들이지 마세요.

Point

세상 어느 누구도 상대방의 인격을 판단할 권리는 없다. 타인의 부정적인 말을 내 안에 들이지 말자.

'어린 왕자'를 가스라이팅하는 '여우' 같은 사람들

앞서 교묘하게 상대방을 깎아내리고 심리적으로 조종하는 이들에 대해 이야기했죠. 이와 관련해 재미난 심리 분석을 살펴보려 합니다. 너무나 유명한 고전인 생텍쥐페리의 『어린 왕자』를 '정서적 학대' 관점에서 살핀 연구로, 도쿄대학교 교수 야스토미 아유무의 책에 나오는 내용입니다.

『어린 왕자』 이야기는 매우 유명합니다. 어느 날 어린 왕자가 사는 외로운 별에 씨앗이 날아와 붉은 장미꽃을 피웠습니다. 어린 왕자는 장미의 아름다

왜 그들은 타인에게 상처를 줄까요?

움에 감탄하며 최선을 다했고 장미도 어린 왕자를
좋아했습니다. 그러나 시간이 지나며 장미는 어린
왕자에게 여러 가지를 요구했고 둘은 멀어지게 되
죠. 결국 어린 왕자는 장미의 곁을 떠나기로 마음먹
고 여러 별을 여행했습니다. 그리고 지구를 배회하
던 도중에 여우를 만납니다. 여우는 어린왕자에게
이런 명언들을 남기죠.

"가장 중요한 건 눈에 보이지 않아."
"네가 길들인 것에 넌 언제나 책임이 있어.
너는 네 장미에 대해 책임이 있는 거야."

여우의 이 대사들은 수없이 회자되며 소설 속 명
언으로 자리 잡았죠. 그런데 야스토미 교수는 이것
이 따뜻한 조언이 아니라고 주장합니다. 장미가 어
린 왕자에게 '사랑'을 가장해 정서적 학대를 가했
으며 여우는 '우정'을 앞세워 2차 피해를 조장했다

나는 왜 네 말을 흘려듣지 못할까

는 겁니다. 잘 살펴보면 정말로 소설 곳곳에는 장미가 어린 왕자에게 자꾸 불평하고 자신의 요구를 들어달라며 강요하는 장면이 나옵니다. 자신을 책임지라며 어린 왕자를 심리적으로 지배하려는 모습은 '가스라이팅(타인의 심리나 상황을 교묘하게 조작해 가하는 심리적 학대)'이라는 심리학 용어를 떠올리게 합니다. 게다가 여우는 장미에게서 도망친 어린 왕자를 '네가 잘못했다'는 식으로 몰아붙였죠.

"네가 길들인 것에 넌 언제나 책임이 있어."

어린 왕자는 여우의 이 말에 완전히 휘둘리고 맙니다. 이야기 끝에 이르러 어린 왕자는 "나는 그 꽃에 대한 책임이 있어요."라는 말을 남기고 독사에게 자신을 물게 하여 스스로 죽음을 택합니다.

다른 시각으로 『어린 왕자』를 바라보니 어떤가

왜 그들은 타인에게 상처를 줄까요?

요? '중요한 것은 눈에 보이지 않아'라는 유명한 명언도 아름답게 들리지만은 않습니다. 실제로 가정 폭력 사례를 보면, 부모가 폭력·폭언 등으로 자녀를 학대한 뒤에 '너를 사랑해서 이러는 거야'라고 둘러대는 경우가 있습니다. 물리적인 지원과 보살핌은 주지 못했지만 보이지 않는 '마음'만은 믿어달라는 거죠. 아이는 '부모님이 비록 나에게 폭력을 휘둘렀지만 나를 사랑하는 마음은 틀림이 없다'는 식으로 합리화하며 가스라이팅을 당하기 쉽습니다. 그러나 이는 완전히 틀린 말입니다. '사랑한다'라는 허울뿐인 말로 폭력을 정당화할 수는 없죠. 번지르르한 말보다는 행동이 우선입니다. 이렇듯 '정서적 학대'의 관점에서 바라보면 달리 보이는 일들이 많습니다.

말에 휘둘리며 고민하는 이들에게 어린 왕자 이야기는 남의 일이 아닙니다. 가족, 친구, 지인, 회사의 상사나 동료 등 의미심장한 말로 당신을 휘두르

나는 왜 네 말을 흘려듣지 못할까

'너를 사랑해서 이러는 거야'라는 말은
일종의 가스라이팅이 아닌지 의심해보자.

려는 이들은 어디에나 존재할 수 있기 때문이죠. 그런 의미에서 평소 고민 상담도 신중하게 할 것을 권합니다. 친구에게 연애나 결혼에 관해 상담했다고 가정해봅시다. 친구의 연애가 원만하지 않은 상황이라면, 당신의 고민 상담이 괜히 친구의 질투심이나 불안감을 자극할 수도 있습니다. 상사나 동료에게도 너무 솔직하게 고민 상담을 하지 않도록 주의해야 합니다. 그들이 당신 처지에서 진심으로 고민을 들어줄 가능성은 매우 낮습니다. 그보다는 자신들의 이해관계를 우선시하거나 지나치게 주관적인 조언을 해줄 가능성이 높습니다. 말을 가려 듣는 것만큼이나 상담할 상대를 잘 고르는 것도 중요합니다.

자, 정리해봅시다. 사실 인간은 그다지 이성적이거나 훌륭한 존재가 아닙니다. 인간은 쉽게 흔들립니다. 신체적·심리적으로 건강하고, 공적 영역이 튼튼해야 겨우 안정을 유지할 수 있는 연약한 존재입니다. 또한 인간은 전지전능한 신이 아닙니다. 따라서 지극히 인간적인 인간이 하는 모든 발언이 늘 의미 있으며 귀담아들을 가치가 있다고 전제해서는 안 됩니다.

말의 가치를 과대평가하지 맙시다. 불안정한 인간이 내뱉은 별 의미 없는 말을 진지하게 받아들여 그것에 휘둘리지 않도록 해야 합니다. 조금 과장해서 말하면 인간의 말은 전부 허언입니다! 기본적으로 다 흘려들어도 그만이라는 뜻입니다.

Point

나를 가스라이팅하려는 시도에 흔들리지 말자. 불안정한 존재인 인간의 말은 흘려들어도 그만이다.

왜 그들은 타인에게 상처를 줄까요?

왜 나는 그의 평가에
전전긍긍할까? – 애착 불안

앞서 상처를 주는 사람의 심리를 분석해보았다면, 이번에는 상처를 받는 사람의 입장에서 논의를 전개해보려 합니다. 똑같이 기분 나쁜 말을 들어도 어떤 사람은 가볍게 흘려듣는 반면, 어떤 사람은 깊게 상처받고 힘들어합니다. 이처럼 같은 말도 듣는 이에 따라 전혀 다르게 받아들여지는 이유는 무엇일까요? 그리고 어떤 사람이 유독 남의 말에 잘 휘둘리고 자주 상처를 받는 걸까요? 혹시 이 중 나에게 해당하는 유형이 있는지도 함께 살펴보면 좋겠습니다.

첫째, 자기 자신에 대한 확신이 없는 사람

자기 확신을 갖고 주도적으로 살아가는 이들은 타인의 말을 비판적으로 받아들일 줄 압니다. 누구보다 자기 자신을 잘 아는 사람은 바로 자신이라고 여기기 때문에 가능한 일입니다. 그러나 자기 이해가 부족하고 자신감이 결여된 사람들은 자신감 넘치는 사람, 자기보다 나이 혹은 지위가 높은 사람 앞에서 지나치게 움츠러듭니다. 이들이 자신을 훤히 꿰뚫어보고 있을 것이라는 생각에 압도당해버리죠. 스스로에 대한 확신이 없기에 '남이 하는 이야기가 맞지 않을까?' 하고 생각하게 됩니다.

둘째, 자신이 틀렸을까 봐 불안한 사람

객관적이고 전문적인 '지식'과 '정보'를 무엇보다도 중요하게 여기는 사람들이 의외로 타인에게 휘둘리기 쉽습니다. 이들은 자신이 알고 있는 정보가 틀렸을까 봐 자주 전전긍긍합니다. 이런 유형의

사람이 거래처를 상대로 미팅을 하는 상황을 생각
해봅시다. 그 어느 때보다도 자신감 있게 행동해야
하지만 왠지 자꾸 주눅이 듭니다. 혹여라도 자신이
틀린 말을 내뱉을까 봐 소심해지는 것이죠. 이들은
충분한 지식과 정보를 갖고 있기에 당당하게 말해
도 됩니다. 하지만 확신 부족으로 자기가 가진 지
식과 정보를 드러내 보이지 못한 채 상대방에게 주
도권을 빼앗기고 맙니다.

셋째, 뚜렷한 이유 없이 그냥 불안한 사람

다른 사람보다 유달리 불안감이 높은 이들이 있
습니다. 앞서 설명한 두 유형의 사람들도 여기에
해당합니다. 불안한 이유는 매우 다양합니다. 갑자
기 교통사고가 날까 봐, 큰병에 걸려 수술이라도
받게 될까 봐, 혹은 회사에서 해고당할까 봐, 그냥
아무 이유 없이…. 이렇듯 기본적인 불안도가 높은
이들에게는 타인의 존재 자체가 두렵기만 합니다.

이들은 누군가 자신에게 툭 던지는 말도 진지하게 받아들이고, 그 말에 쉽게 휘둘립니다.

넷째, 무리에서 제외되는 것을 두려워하는 사람

누구나 살면서 여러 집단에 속해 인간관계를 맺으며 살아갑니다. 가족, 회사, 친구 등 집단은 다양합니다. 그런데 유달리 집단에서 외면당할까 봐 두려워하는 이들이 있습니다. 그들은 다른 사람들이 자신을 어떻게 생각하는지, 그리고 자신을 어떻게 평가하는지에 대해 유독 예민하게 반응합니다. 또한 자신의 주장이 타인의 심기를 거스르지는 않는지 여러 번 검열하기도 합니다. 이기적이고 독선적인 사람으로 보여서 관계를 망치고 싶지 않기 때문입니다. 그래서 자신이 속한 집단 사람들의 주된 의견이나 취향에 반하는 이야기를 하지 않죠.

이렇듯 타인의 말에 휘둘리는 사람들의 심리를

깊이 파고들면, 내면에 불안과 두려움이 잠재되어 있음을 알 수 있습니다. 이때 불안과 두려움은 트라우마나 애착 불안 같은 심리 문제에서 비롯되었을 가능성이 높습니다. 생각보다 많은 사람이 이러한 심리적 문제를 겪고 있다고 합니다. 심지어 인구의 삼분의 일 정도가 애착 불안을 겪고 있다고 주장하는 연구도 있습니다. 애착 불안이나 트라우마에 대해 알아두면 일상의 심리 문제들을 진단하는 데 도움이 됩니다.

여기서는 먼저 '애착 불안'에 대해 짚고 넘어가겠습니다. '애착 불안'이란 유아기에 맺었던 특정 타인(일반적으로 부모)과의 정서적 관계가 어른이 된 이후의 대인관계에도 영향을 미친다는 이론입니다. 많은 학자가 생후 6개월에서 18개월 사이가 애착 형성에 가장 중요한 시기라고 강조합니다. 이 시기에 아이는 주 양육자와의 애착을 토대로 정서적 안정을 얻고 타인, 세상과 관계 맺는 법을 익힙니다. 이때 양육자는 아이를 일관된 태도로 대하고, 충분한 스킨십을 제공해야 하죠. 만일 양육자가 변덕스러운 태도로 아이를 대하거나, 너무 과한 혹은 부족한 애정을 쏟으면 아이는 이른바 '애착 불안' 상태에 놓입니다.

유아 시기의 애착 불안이 성인이 된 후의 인간관계에 어떻게 영향을 미치는지 살펴볼까요? 양육자인 엄마가 일관적이지 못한 태도로 유아기의 아이를 대한 경우를 생각해봅시다. 아이는 부모에 대한 믿음을 갖기 어려울뿐더러 쉽게 불안해집니다. 유아 시기에 올바른 애착 형성이 되지 못한 사람은 어른이 되어서도 여전히 그 문제가 내면에 남겨져 있습니다. 그래서 타인의 눈치를 보고 불안정한 대인관계를 맺고 반복해서 비상식적인 관계에 매몰될 가능성이 높죠.

나는 왜 네 말을 흘려듣지 못할까

그럼 아이에게 충분한 애정을 주지 못한 경우는 어떨까요? 유아 시기부터 양육자의 부족한 사랑을 갈구하는 데 익숙했던 아이는 성인이 되어 타인을 대할 때도 비슷한 패턴으로 행동하게 됩니다. 타인의 말에서 애정을 충족하려 하고, 다른 사람의 평가에 굉장히 예민하게 반응하는 식으로 말이죠. 이들은 자신에 대한 부정적인 말에 지나치게 상처받고, 긍정적인 평가에 집착합니다. 어느 쪽이든 그다지 좋지는 않습니다. 과도한 인정 욕구로 내면이 병들 수 있기 때문이죠.

평소 타인과의 관계에서 지나친 불안감을 느끼고 있다면, 혹시 내가 '애착 불안'을 겪고 있지는 않은지 점검해볼 필요가 있습니다. 적절한 심리상담을 통해 애착 불안으로 인한 부정적인 사고 패턴과 행동을 바꿀 수 있답니다.

유아기 때의 애착 관계가 성인이 된 뒤에도 인간관계
에 영향을 미칠 수 있다.

왜 이유 없이 긴장되고, 불안하고, 괴로울까? - 트라우마

트라우마는 '외상 후 스트레스 장애'라고도 불립니다. 텔레비전 드라마에서 주인공이 교통사고 같은 충격적인 일을 겪은 뒤에 기억상실이나 해리성 인격장애(다중인격) 같은 질병을 앓는 것을 본 적이 있을 겁니다. 과도한 스트레스, 즉 트라우마로 인해 이런 일이 벌어질 수 있습니다.* 이렇듯 대개 '트라우마'라고 하면 전쟁이나 지진 같은 불가항력의 자

---

* 트라우마는 인간의 자율신경계, 면역계, 내분비계 같은 신체 기능을 저하시키고, 이는 불면, 불안, 컨디션 저하, 과도한 긴장 등 다양한 심리적·신체적 문제를 유발한다.

연재해, 성폭력, 폭행, 교통사고 등 일시적이고 강한 사건으로 인해 유발되는 '급성 트라우마'를 떠올립니다. 극심한 학교 폭력, 가정 폭력 등도 급성 트라우마를 유발하며, 부모의 부부싸움이 아이에게 상당한 스트레스를 주고 트라우마를 유발한다는 연구 결과도 있습니다.

그런데 일상에서 받는 낮은 강도의 스트레스 때문에 트라우마가 생길 수도 있다는 사실을 아는 이들은 그리 많지 않습니다. 약한 강도의 스트레스여도 매일매일 반복되면 트라우마로 작용할 수 있죠. 이를 '만성 트라우마(복잡성 트라우마)'라고 합니다. 대수롭지 않게 넘겼던 일도 트라우마가 될 수 있음을 기억해야 합니다. 이를 간과하면 자신이 트라우마 때문에 심리적·신체적 문제를 앓고 있다는 사실조차 모른 채 괴로워할 수도 있으니까요.

나는 왜 네 말을 흘려듣지 못할까

동료로 인한 트라우마에 시달리는 직장인 민정 씨를 상담한 사례가 있습니다. 민정 씨의 회사에는 은근히 자신을 무시하는 동료가 있다고 했습니다. 제가 느끼기에 사실 이 동료는 현재 'I'm OK'의 상태가 아닌 것으로 보였습니다. 동료는 은근히 다른 사람을 깎아내리는 습성이 있었죠. 다시 말해 'You are not OK'라고 말함으로써 자신의 결핍을 채우려 했던 겁니다. 처음에 한두 번은 민정 씨도 그가 던지는 무례한 말을 대충 흘려들었습니다. 조금 기분 나쁜 말이긴 해도 '폭언'까지는 아니라고 생각했기 때문이죠. 그러나 몇 년을 함께 일하다 보니 스트레스가 이만저만이 아니었습니다. 약한 강도의 스트레스가 오랜 시간 누적되니 어느새 민정 씨의 마음에는 인간관계에 대한 트라우마까지 생겼습니다. 이 일 때문에 회사에서 내내 이유 없이 긴장하고, 불안하고, 말에 휘둘리게 되었죠. 사실 민정 씨의 사례는 누구에게나 벌어질 수 있는 일입니다. 그래서 트라우마가 '남의 일'이 아니라고 말했던 겁니다.

  이렇게 한번 트라우마가 자리 잡으면 일상생활에도 부정적인 영향을 미칩니다. 먼저 트라우마로 인해 심리적 문제를 앓는 이들의 경우 매사를 너무 심각하게 받아들이는 경향이 있죠. 이들은 정도의 차이는 있지만 큰 충격이 될 만한 경험을 했으므로, 평소에도 늘 '비상사태'인 듯 긴장하고 있습니다. 이러한 상황에서는 타인이 아무 뜻 없이 던지는 사소한 말에도 흔들리기 쉽습니다. 그런가 하면 트라우마가 있는 사람은 타인의 존재를 실제보다 크고 무섭게 느끼는 경향이 있습니다. 어떤 이들은 타인을 맹목적으로 추앙하기도 하죠. 왜일까요? 트라우마를 입은 자신보다 타인을 더욱 이상적인 존재로 보기 때문입니다. 타인을 있는 그대로 보지 못하고 대단한 존재로 여기니, 그들의 말에 이리저리 휘둘리게 됩니다. 특히 지적이나 질책이라도 듣게 되면 마치 신이 자신을 꾸짖기라도 한 듯 괴로워합니다.

그런데 만성 트라우마에 시달리는 이들은 그들이 겪는 심리적 문제를 과소평가하기 쉽습니다. 분명 일상생활에서 불편함을 느끼는데도 별일 아니라며 회피하죠. '엄청난 사건을 겪은 것도 아니고, 나에게 무슨 심리적 문제가 있겠어' 하고 넘겨버리는 거죠. 하지만 앞서 설명했듯 일상의 작은 스트레스가 누적되는 것만으로도 트라우마가 생길 수 있다는 점을 기억했으면 좋겠습니다.

일상생활을 하는 데 심리 문제로 지속적인 어려움을 겪고 있다면 어떻게 해야 할까요? 먼저 비교적 쉽고 가벼운 방법으로, 책을 통해 해결책을 찾아보는 것도 괜찮습니다. 이보다 적극적인 방법을 실행할 수도 있습니다. 심리상담사나 의사를 찾아가서 실질적인 해결책을 찾아보는 것도 매우 좋은 방법이죠. 제일 나쁜 대응은 무엇일까요? 혼자 끙끙 앓다가 '문제는 나에게 있어'라며 자신에게 화살을 돌려버리는 태도임을 잊지 말아야 합니다.

Point

일시적이고 강한 충격으로 인한 트라우마만 만성 트라우마가 아니다. 약한 강도의 스트레스가 오래 누적되어도 트라우마가 생길 수 있다.

나는 왜 네 말을 흘려듣지 못할까

'나만의 언어'가 없을 때
벌어지는 일들

애착 불안, 트라우마와 같은 심리 문제를 안고 있는 사람들의 공통점이 있습니다. 세상을 바라보는 관점이 내가 아닌 타인의 기준에 맞춰져 있다는 점입니다.

앞서 직장 동료에게 지속적으로 'You are not OK'라는 평가를 들어온 민정 씨를 생각해봅시다. 인간관계에 대한 트라우마까지 얻은 민정 씨가 내면에 자신만의 기준을 세우고 주도적으로 살아가기란 쉽지 않습니다. 부정적인 말을 계속해서 반복적으로

나는 왜 타인에게 상처받을까요?

듣게 되면 나에 대한 의심이 생기고, 나만의 기준이 흔들릴 수밖에 없습니다. '내가 정말 그 정도밖에 안 되나? 내 잘못인가?' 하는 생각에 움츠러들기 십상이죠. 심지어 본인도 깨닫지 못하는 사이에 '죄송합니다'라는 말을 입버릇처럼 달고 살거나 이유 없이 죄책감을 느끼는 경우도 있습니다.

이런 상태에서는 타인에게 '공감'하는 것도 위험합니다. 상대의 말에 귀 기울이고 공감하려는 태도는 일반적으로 인간관계에서 바람직하다고 여겨집니다. 그러나 나만의 기준이 없는 사람일수록 타인의 말에 무조건적으로 동조하기 쉽습니다. 만성 트라우마와 같은 심리적 문제를 앓고 있을수록 '공감'을 조심해야 하는 이유입니다.

'아픈 말일수록 새겨들어야 한다'고 주장하는 사람들이 있습니다. 저는 여기에도 그다지 동의하지

나는 왜 네 말을 흘려듣지 못할까

않습니다. 여러 번 강조하지만, 타인이 항상 옳지는 않습니다. 알고 보면 세상 사람들 모두 자신만의 기준과 의도를 가지고 상대에게 이야기를 건넬 뿐입니다. '뼈 때리는 말'이라고 무조건 나에게 도움이 되지는 않습니다. 나에게 도움이 되는 말은 챙겨 듣고, 오히려 부정적인 영향을 주는 말은 과감히 걸러 들을 줄 알아야 합니다. 그렇지 못한 사람에게 여기저기서 들려오는 무수한 말은 그저 독이 될 뿐입니다.

결론이 나왔습니다. 지금 우리가 할 일은 자신을 향해 쏟아지는 무수한 말들을 걸러 듣는 기술을 익히는 것입니다. 그것이 칭찬이든 비난이든 타인의 말만 옳다고 생각하지도 말아야 합니다. 이제 나의 기준을 찾아야 합니다. '다른 사람의 말'을 갈구하지 말고 '나의 말'을 되찾아야 합니다.

Point

아픈 말일수록 새겨들을 필요가 없다.
나를 향해 쏟아지는 무수한 말들을 걸러 듣는 기술이
더욱 필요하다.

나에게 부정적인 영향을 주는 말은
걸러 들을 줄 알아야 합니다.

'남의 말'이 아니라
'나의 말'이 중요하다

자, 이제 '말이 중요하다'라는 명제를 다시 들여다봅시다. 새롭게 보이지 않나요? 여기서의 '말'은 사실 '남의 말'이 아니라 '나의 말'을 가리킵니다. 무엇보다도 '나의 말'이 중요합니다.

우리는 학창 시절에 유명한 작가가 쓴 소설이나 시, 에세이는 물론이고 현대 문학에서 고전까지 다양한 문학 작품을 읽었습니다. 그런데 이러한 활동은 그저 작가가 했던 말을 익히고 받아들이기 위한 것이 아닙니다. 다시 말해 '남의 말'을 흡수하기 위해 문학 작품을 읽는 것이 아니라는 뜻이죠. '남의 말'을 토대로 '나의 말', 즉 자신의 가치 기준을 만들어나가기 위한 활동의 일환입니다. 가치관이 확립되는 청소년기에 책을 많이 읽어야 하는 이유도 여기에 있습니다.

청소년기에는 세상과 불화(不和)한다고들 하죠. 이것도 어찌 보면 당연합니다. 어린 시절에는 부모를 절대적인 존재로 받아들이며 옳고 그름의 기준을 부모에게서 찾았지만, 청소년기에 이르면 달라지니까요. 이때부터 자신의 가치관과 기준으로 세상을 바라보기 시작하므로 이전처럼 외부의 언어를 곧이곧대로 믿지 않게 되는 것이죠. 그만큼 자아가 강해진다는 뜻이기도 합니다.

'공부해!'라는 엄마의 말에 '왜 공부를 해야 하지?'라고 의문을 가져보고, '좋은 대학에 가야 해!'라

는 선생님의 압박에 '왜 꼭 그래야 하지?'라고 토를
달아보는 일, 이것은 이유 없는 반항이 아니었습니
다. 세상의 수많은 말을 자신의 말로 번역하고 기준
을 세우는 과정이었습니다. 그러므로 이 시기의 '반
항'은 반드시 필요했던 것입니다.

청소년기를 거치고 사회에 나가면 이전과는 다
르게 '사회적 지위'가 생기고 생산적인 활동을 하게
됩니다. 만약 건강한 청소년기를 거치며 나만의 기
준을 확립했다면, 사회에서 수많은 인간관계를 맺
으며 사회적 인격이 성숙하는 데 큰 문제가 없을 겁
니다. 그러나 트라우마나 애착 불안 같은 심리적 문
제를 앓고 있다면, 나만의 기준을 세우고 나의 말을
찾기 위해서 이를 해결해야 합니다. 3부에서 말하고
자 하는 핵심은 바로 여기에 있습니다.

나만의 언어를 찾아야 합니다. 타인의 말에 휘둘

리지 않도록 흘려듣는 기술을 익히고, 세상을 살아가며 다양한 이유로 빼앗겨버린 나만의 언어를 되찾아야 합니다. 이 방법을 알게 되면, 어떤 말을 새겨듣고 어떤 말을 흘려들어야 하는지 내 기준으로 판단할 수 있습니다. 그렇게 되면 어떤 방식으로 말을 해석할지도 스스로 결정할 수 있습니다. 내가 말할 때도 마찬가지입니다. 더는 상대에게 내 생각을 강요하지 않을 겁니다. 또한 타인의 기준에서 비롯된 생각이 아닌, 내 기준으로 판단한 나의 생각을 상대방에게 전달할 수 있습니다.

Point

타인을 절대적인 존재로 여기고, 그들의 말에 흔들리지 말자. 이제 '나만의 말'을 찾아야 한다.

나는 왜 타인에게 상처받을까요?

말을 두려워할 필요가
전혀 없는 진짜 이유

〈하우스〉라는 미국 의학 드라마가 있습니다. 독불장군 스타일의 괴짜 의사 그레고리 하우스가 주인공입니다. 독특한 스타일이긴 하지만 의사로서 능력이 매우 뛰어난 캐릭터로 그려집니다. 하우스는 진료를 통해 다른 의사들이 알아차리지 못하는 병을 알아내는 '명의'입니다. 그런 그가 입버릇처럼 하는 말이 있죠.

"사람은(환자는) 누구나 거짓말을 한다."

무례한 말은 걸러 들어야 합니다

그는 진료할 때 환자의 말을 듣기는 하지만 그대로 믿지는 않았습니다. 환자가 어떤 사정 때문에 의도적으로 거짓말을 하는 경우도 있고, 환자 본인이 착각해서 의사에게 거짓된 정보를 주는 경우도 허다하다고 생각했기 때문입니다. 동료 의사들은 '환자가 거짓말을 한다'라고 노골적으로 말하는 그레고리에게 반감을 드러냅니다. 그러나 결과적으로 보면 대체로 그레고리가 맞았죠. 환자의 말에 휘둘려 병명을 제대로 진단하지 못한 다른 의사들이 우왕좌왕하는 사이, 하우스는 병의 원인을 명확히 짚어냈거든요.

실제로 의료 현장에서 진료를 할 때도 이와 비슷합니다. 정신과 전문의는 환자의 안색, 태도, 신체적 증상, 전체적인 분위기 등을 중요하게 여깁니다. 반면 환자의 말은 가장 신뢰성이 떨어진다고 판단합니다. 실력 있는 심리상담사 역시 내담자의 말을 들기는 하지만 사실은 듣고 있지 않는 경우가 많습니다. 잘못된 정보를 그대로 믿고 오진을 한다면 안 들으니만 못하죠. 내담자의 말 자체에 집착하지 않고, 말의 전체 맥락을 살피며 중요하다고 여겨지는 부분에 더욱 집중한다는 뜻입니다. 의사나 심리상담사가 환자, 내담자의 말을 소홀히 여기는 걸까요? 그렇지 않습니다. 이들은 '말'을 극도로 섬세하게 다루는 능력을 최대로 활용하는 겁니다. 그래야만 환자, 내담자의 증상과 원인을 명확히 짚어낼 수 있기 때문입니다.

저는 의사와 심리상담사의 방식을, 일상을 사는 우리에게도 적용할 필요가 있다고 강조하고 싶습니다. 의사가 환자의 말을 흘려듣듯이 우리도 회사 상사의 말을, 고객의 말을, 친구의 말을 흘려들어야 합니다. 혹시 다음과 같은 생각으로 타인과 대화를 할 때마다 스트레스를 받고 있지는 않은지 점검해봅시다.

무례한 말은 걸러 들어야 합니다

'이번에는 팀장님이 또 나에게 뭐라고 말할까? 대화하는 것 자체가 너무 스트레스야!'

    → 말에 과도한 가치를 부여해 대화 자체를 두려워하는 경우

'고객의 말을 제대로 알아들어야 할 텐데!'

    → 말을 올바르게 이해해야 한다는 부담감을 갖고 있는 경우

'나의 이런 면이 마음에 들지 않는다고 하는데, 당장 고쳐야 하나?'

    → 타인의 기준에 휘둘리는 경우

그렇다면 이제 말을 더욱 자유롭게 다룰 필요가 있습니다. 말은 절대 객관적이고 중립적이지 않거든요. 그러니 나만의 기준을 세워서 걸러 들어야 합니다. 말의 가치를 내가 정한다고 생각하면 매우 편

나는 왜 네 말을 흘려듣지 못할까

합니다. 심지어 말과 글을 매우 중요하게 다루는 철학에서도 문자 그대로 해석하면 '망상'이라고 할 정도입니다. 저명한 중세철학 연구자이자 게이오대학 교수 야마우치 시로는 그의 책에 다음과 같이 적었죠.

> '철학은 오독의 연속이며 오해 없이 진전되지 않는다. 철학 안에 단 하나의 진리만 허락하는 것은 철학을 죽이는 행위다.'

'철학'을 '말'로 바꾸어도 의미는 그대로 전달됩니다. 말을 두려워하지 말아야 합니다. 말 안에 하나의 진리가 숨어 있을 것이라고도 생각하지 말아야 합니다. 타인의 말을 나의 기준에 따라 유연하고 자유롭게 다루고, 가치를 부여했으면 좋겠습니다. 그 타인이 회사 상사든, 고객이든, 친구든, 심지어 가족이든 간에 마찬가지입니다.

무례한 말은 걸러 들어야 합니다

Point

말을 두려워하지 말자.
말을 더욱 자유롭게 다룰 필요가 있다.

오늘부터 당장
상사의 말을 흘려듣자

지금까지 언급한 내용들을 정리하면 다음과 같습니다.

- 남의 말을 잘 들어야 한다는 전제는 틀렸다.
- 남의 말에 잘 휘둘리는 사람은 '나만의 기준'이 없다.
- 이제 '다른 사람의 말이 아닌, 나의 말'을 되찾아야 한다.

그렇다면 어떻게 해야 자신의 말을 찾을 수 있을까요? 가장 먼저 해야 할 일은 다른 사람의 말을 귀담아듣는 연습 대신 '흘려듣는' 연습을 하는 것입니다. 타인의 말을 흘려들을 줄 안다는 것은 나만의 기준으로 말을 취사선택하고 해석할 줄 안다는 뜻이기도 합니다. 타인의 말을 무시하라는 의미가 아닙니다.

"말은 좋은데 과연 내가 할 수 있을까요? 회사 팀장님 말을 걸러 들으라고요?"
"지금까지 아무리 애를 써도 잘 되지 않았는데, 이제 와서 그게 가능할까요?"
"다른 사람의 말을 흘려들었다가 정작 중요한 정보를 놓치면 어떡해요?"

이런 아우성이 들려오는 듯합니다. 여태껏 '다른 사람의 말에 귀를 기울여야 한다'고 배워온 우리가 단번에 '흘려듣기'를 하겠다고 마음먹기란 쉽지 않

나는 왜 네 말을 흘려듣지 못할까

은 일입니다. 특히 상하관계가 존재하는 회사에서는 더욱 그렇죠. 그도 그럴 것이 수많은 경영자들이 쓴 책들을 보면, '회사가 어떤 지시를 내리든 최고의 결과를 내라'라는 주제를 담고 있습니다. 회사의 요구를 귀담아듣고, 상사의 말에 변명하지 말고, 주위에 부정적인 말을 하지 말라는 게 핵심입니다. 책을 읽다 보면 직원은 회사의 지시를 모두 실행하는 순종적인 사람이 되어야 할 것만 같습니다.

그런데 이렇게 회사의 지시를 그대로 따르고 순종하는 직원만 있는 회사가 과연 성장할 수 있을까요? '스스로 생각하는 직원'이 없다는 건 정말 큰 문제입니다. 항상 정확한 지시를 내리고 올바른 의사결정만 하는 상사는 이 세상에 존재하지 않습니다. 사람이기에 감정에 치우친 결정을 하기도 하고 오판도 할 수 있기 때문이죠. 만일 상사가 잘못된 지시를 했는데도 귀담아듣고 그대로 실행하는 사원

무례한 말은 걸러 들어야 합니다

만 모인 회사라면 성공하거나 발전하기 힘들 겁니다. 실제로 독불장군 스타일의 경영자가 본인의 뜻에 따르는 '예스맨'만을 거느리고 독주하다가 기업을 망가뜨린 사례는 수도 없이 많습니다. 그러니 일부 경영자의 입장만 반영한 책에 휘둘릴 필요는 없습니다.

마음을 가볍게 하고, 이 책을 통해 흘려듣기의 기술을 익혀보는 건 어떨까요? 타인의 말을 흘려듣는다고 해서 타인을 무시하고 적대시하라는 뜻은 절대 아닙니다. 불필요한 말을 적당히 흘려듣는 기술을 익히면 오히려 회사 생활이 편해지고 인간관계가 좋아질 수도 있습니다. 실제로 예전에 일본 유명대기업의 사장은 한 인터뷰에서 이렇게 말한 적이 있죠.

"나는 일하는 중에 날아오는 무수한 요청과 지

시 중 80퍼센트는 하지 않아도 되는 일로 간주하고, 진짜 해야 할 일을 신속하게 처리하는 데 중점을 둔다. 또한 따로 메모도 하지 않는다. 결국 보고받은 뒤에 머리에 남는 사항이 중요한 것일 텐데, 굳이 메모를 해야 할 이유가 없다."

그 사장은 그야말로 흘려듣기 기술을 자유자재로 활용하고 있었습니다. 업무의 80퍼센트를 무시해도 사장이 될 수 있다니요! 이와 관련한 다카하시 노부오라는 도쿄대학 교수의 연구도 있습니다. 그는 일찌감치 흘려듣는 기술이 기업을 더욱 성장시킬 것이라는 가설을 세우고 여러 기업을 직접 조사해보았습니다. 성장세에 있는 30여 개 회사에서 수천 명을 대상으로 설문조사를 한 결과, 63.1퍼센트의 사람들이 '윗사람의 지시를 적당히 흘려듣는다'라고 답했다고 합니다. 심지어 어떤 기업에서는 그 비율이 90퍼센트에 달하기도 했죠.

무례한 말은 걸러 들어야 합니다

회사는 여러 사람이 모여 최상의 성과를 내는 곳입니다. 때때로 사장 혹은 상사도 잘못된 결정을 내립니다. 회사는 이 결정을 바로잡아주는 직원, 그러니까 '스스로 생각하는 사람'을 필요로 합니다. 말을 적당히 흘려들을 줄 아는 직원이 많아야 회사도, 직원도 성장하는 법이죠. 부디 상사의 기분을 만족시켜주는 예스맨이 되지 말았으면 합니다.

Point

기업과 나의 성장을 위해서라도 사장 혹은 상사의 말을 흘려들을 줄 알아야 한다. 상사의 기분만 맞춰주는 예스맨이 되지 말자.

우리에겐 타인의 말에 대한
면역력이 필요하다

　　허버트 조지 웰스의 명작 『우주 전쟁』은 화성인
이 인류를 침략한 내용을 담은 공상과학소설입니
다. 처음에는 열선, 독가스 등으로 무장한 화성인의
전투력이 우세했으나 이들의 지구 침략은 실패로
끝나고 맙니다. 그 이유는 다름 아닌 '박테리아', 즉
세균 때문이었죠. 지구인보다 문명이 발달한 화성
인이지만 지구의 세균에 대한 저항력은 갖추지 못
했던 겁니다. 외부의 해로운 물질을 걸러내는 인체
의 능력은 이렇게 중요합니다. 재미난 상상력이 담
긴 이 소설을 읽으며 저는 심리상담사로서 이런 생

무례한 말은 걸러 들어야 합니다

각을 했습니다.

> "외부 세상에는 다양한 물질이 존재하는데, 이
> 중 내 몸에 독이 될 수 있는 물질은 걸러내야만
> 한다. 타인의 말도 마찬가지로 그대로 받아들여
> 서는 안 된다."

실제로 인체는 외부에서 유입된 물질에 대응하는 시스템을 갖추고 있습니다. 예를 들어, 우리가 숨을 쉴 때마다 콧속에 먼지를 비롯한 이물질도 함께 들어옵니다. 이때 코털은 콧속으로 흡입된 이물질을 1차 여과하는 필터 역할을 하죠. 인간을 비롯한 대부분의 생물이 외부 물질을 걸러서 받아들이도록 설계되어 있습니다. 여러 번 이야기하지만 '타인의 말'도 마찬가지입니다. 직장에서도 일상생활에서도 말을 걸러 들을 줄 알아야 심리적으로 건강한 삶을 살 수 있습니다.

그럼 구체적으로 어떤 말을 걸러 들어야 할까요? 타인과 대화를 나누다 보면 이상하게도 기분이 좋지 않을 때가 종종 있을 겁니다. 무리한 부탁이나 요구를 받았다고 느껴질 때도 있고요. 다음의 예시들을 통해 '흘려들어야 할 말'에 어떤 것들이 있는지 한번 점검해봅시다.

첫째, 공적 영역이 흔들린 사람이 내뱉은 말

2부에서 '사람은 불안정해지기 쉬운 존재'라고 말했던 것을 기억하나요? 특히 '공적 영역'이 흔들리면 누구나 불안정해질 수 있습니다. 사회적인 지위나 일에 문제가 생기거나 영양 부족, 수면 부족 등으로도 공적 영역이 흔들릴 수 있죠. 그러니 오늘따라 이상하게 상대방의 말이 날카롭다면 걸러 듣는 편이 좋습니다.

예시) 상사의 말이 오늘따라 유난히 날카로울 때

무례한 말은 걸러 들어야 합니다

→ '내가 뭘 잘못했지? 팀장님이 왜 그러는 걸까?' (✕)

→ '아, 팀장님이 오늘 상무님한테 혼나서 예민해지셨구나.' (○)

둘째, 나를 존중하지 않는 말

절친한 사이의 사람과 대화할 때는 상대의 말에 더욱 민감하게 반응하기 쉽습니다. 매일같이 소통하는 매우 가까운 관계이므로 자연스레 상대의 기분 먼저 헤아리게 되죠. 그런데 유난히 상대의 말이 나에게 아프게 다가온다면, 그 사람에 대한 공감을 잠시 멈춰야 합니다. 상대의 말이나 요청에 '당신이 괜찮다면'이라는 전제가 깔려 있는지, 즉 나를 존중하는지 먼저 생각해봐야 하죠. '존중'이 빠져 있는 말은 걸러 듣자는 뜻입니다. 아무리 가까운 사이라 해도 마찬가지입니다.

나는 왜 네 말을 흘려듣지 못할까

절친한 친구가 갑자기 무례한 부탁을 했을 때

→ '어떡하지? 이런 말을 할 친구가 아닌데, 왜 이러지? 아, 혼란스러워!' (✗)

→ '아무리 친한 사이여도 이런 부탁은 아닌 것 같아. 일단 잘 거절해야겠어.' (○)

셋째, 말한 그대로 실행하면 탈이 나는 말

의사소통을 할 때 상대방의 실질적인 의도를 잘 파악하는 일은 매우 중요합니다. 예를 들어, 상사가 격앙된 목소리로 "이런 식으로 할 거면 퇴사하세요!" 하고 말했다고 해서 정말로 퇴사해서는 곤란합니다. 이때는 상사의 말을 걸러 듣는 사람이 더욱 현명하죠. 별로 가깝지 않은 사람이 "언제 밥 한번 먹자." 하는 말에 "내일 먹을까?" 하고 되묻는 것도 그다지 센스 있는 대응은 아닙니다. 1부에서 언급했던 상사와 고객의 말에 휘둘리는 민수 씨를 기억하나요? 아마도 민수 씨는 상대방의 진짜 의도를 객관적

무례한 말은 걸러 들어야 합니다

무엇보다도 말에 대한
면역력을 갖추고 있어야 합니다.

으로 파악하는 데 서툴렀을 수도 있습니다.

> 예시   화가 머리끝까지 난 팀장님이 갑자기
> "이럴 거면 일을 그만둬."라고 했을 때
> → '어떡하지. 진짜 사표를 써야 하나.' (X)
> → '내가 업무에서 큰 실수를 했구나. 이번 일을
> 잘 해결하고, 다음에 더욱 주의해야겠어.' (O)

넷째, 상대방의 '사적 영역'에서 비롯된 말

'말의 의도'를 잘 이해하라는 말을 '상대방의 생각'을 모두 파악하고 기분까지 챙기라는 뜻으로 받아들여서는 곤란합니다. 상대의 진심을 알지 못해서 답답하고 불안한 마음은 이해합니다. 그러나 인간의 사적 영역은 매우 다양한 감정이 소용돌이치는 공간이에요. 마치 용광로와 같아서 함부로 손을 댔다가는 큰 상처를 입을 수 있죠. 말의 의도는 센스 있게 파악하되, 상대방의 생각과 기분을 모두 파악

무례한 말은 걸러 들어야 합니다

하려 애쓰지는 말아야 합니다. 타인의 감정이나 정서적 결핍, 매우 개인적인 가치관에서 비롯된 발언을 그의 '진심'이라 생각하고 상처받지 말았으면 좋겠습니다.

예시 친하게 지내던 동료가 갑자기 시기와 질투가 가득 담긴 말을 건넸을 때

→ '왜 이러지? 사실은 지금까지 나를 질투하고 있었나? 나를 시기하면서도 나랑 친하게 지내려 했다고? 무슨 의도로 그런 거지? 언제부터 그랬던 거야? 뭘 질투하는 거야?' (✕)

→ '갑자기 자존감이 무너지면 그런 말을 할 수는 있지. 하지만 계속해서 나에게 상처를 주는 말을 하면 문제가 될 수 있겠네.' (〇)

지금까지 상대방의 말이 날카로울 때 점검해봐야 할 점들을 정리해보았습니다. 한마디로 '상대방

나는 왜 네 말을 흘려듣지 못할까

의 의도는 파악하되, 상대방의 진짜 감정까지 너무 깊게 파고들지 말자'는 것이 핵심입니다. 나의 마음도 제대로 알기 어렵습니다. 하물며 완전히 다른 객체인 타인의 진짜 마음을 알아낼 수는 없습니다.

Point

상대방의 진짜 마음을 알아내려고 애쓰는 헛수고는 하지 말자.

무례한 말은 걸러 들어야 합니다

가까운 사이일수록
말의 거리를 둔다

지금까지 직장생활에서 타인의 말에 대한 면역력 기르는 법을 알아보았습니다. 핵심은 '직장 상사나 고객의 말도 적당히 흘려들을 줄 알아야 한다'는 것이 포인트였죠. 내 기준을 세워서 필요한 말을 받아들여야 '일 잘한다'는 소리도 들을 수 있죠. 타인의 말을 있는 그대로 받아들여서 상처받을 필요는 없습니다. 가족은 어떨까요? 직장 상사나 친구의 말을 들을 때도 '필터'가 필요하듯이 가족과의 관계에서도 마찬가지입니다. 오히려 밀접한 관계인 가족일수록 더욱 흘려듣는 기술이 필요합니다.

가족 구성원 사이에는 암묵적으로 통하는 규칙
이 있습니다. 중요한 의사결정부터 작은 습관까지
구성원의 합의에 의해 결정되는 경우가 많죠. 매우
사소한 부분에도 가족의 규칙이 적용됩니다. 예를
들어 반찬을 그릇에 덜어 먹는지, 아니면 그냥 통째
로 꺼내놓고 먹는지와 같은 아주 사소한 일까지도
보이지 않는 규칙에 의해 정해지죠. 글로 쓰여 있는
것도 아닌데 매우 강력한 힘을 지니고 있습니다. 그
러니 수십 년 함께해온 가족의 말을 흘려듣기란 쉽
지 않은 일이죠. 특히 부모님의 말에는 전적으로 귀
를 기울일 수밖에 없습니다. 흘려듣고 싶어도 어느
새 가족의 말에 휘둘리는 나를 발견합니다.

"어쩜 엄마 말을 그렇게 무시할 수 있니?"
"이런 일은 그냥 아빠 말대로 하면 안 되니?"
"아들이라면 부모에게 이 정도는 해줘야 하는 거
아니야?"

무례한 말은 걸러 들어야 합니다

이렇듯 우리는 가족 사이에 상처가 되는 말을 자주 주고받죠. 그런데 이들의 말을 그대로 받아들여야 할까요? 수십 년간 유지된 규칙이니까 그저 믿고 따라야 할까요? 당연히 그렇지 않습니다. 앞서 타인의 감정이나 결핍, 개인적인 가치관에서 비롯된 발언에 상처받지 말아야 한다고 했습니다. 이 말을 가족에게 그대로 적용해도 무방합니다. 부모님이나 형제자매도 감정과 결핍이 있는 사람일 뿐입니다. 아무리 가까운 사이라고 해도 이러한 사실에는 변함이 없죠. 오히려 영향을 크게 주고받는 사이기 때문에 적당한 거리를 두려는 노력이 더욱 필요합니다.

1부에서 '이런 스타일은 너에게 어울리지 않는다'는 어린 시절 가족의 말 때문에 어른이 된 뒤에도 머리와 옷 스타일을 그대로 고수하는 유진 씨의 사례를 살펴보았죠. 그는 성인이 된 뒤에도 오래전에 들은 말에서 벗어나지 못하고 있었습니다. 저는 유

나는 왜 네 말을 흘려듣지 못할까

진 씨에게 지금껏 한 번도 고민하지 않았던 점들에 대해 고민해보라는 조언을 하고 싶습니다. '유진 씨의 어머니와 언니는 왜 유진 씨에게 특정 스타일을 강요하며 고착시킨 걸까'에 대해 말입니다.

여기엔 여러 가지 가능성이 있습니다. 어쩌면 그들은 자신이 시도하지 못하는 스타일을 유진 씨를 통해 실현하고 싶었던 것일지도 모릅니다. 혹은 다양한 스타일을 소화하는 유진 씨에 대한 질투심이 발동해 특정 스타일만을 고수하도록 강요했을 가능성도 있습니다. 그러한 방식으로 본인 스스로 해소했어야 할 콤플렉스와 결핍감을 해결하는 것입니다. '아무리 그래도 가족인데, 정말 그럴까?' 이런 생각이 들지도 모르겠습니다. 그런데 여러 번 강조하지만, 타인을 끌어들여 자신의 콤플렉스와 결핍을 해소하려는 사례는 수도 없이 많습니다. 가족도 예외는 아닙니다.

무례한 말은 걸러 들어야 합니다

예를 들어, '무조건 1등을 해야 한다'는 가족의 암묵적 규칙에 시달려온 10대 청소년이 있다고 해 봅시다. (실제로 이런 상담 사례는 매우 흔하죠.) 그는 성적을 잘 받아야 한다는 생각 때문에 늘 스트레스를 받습니다. 학생으로서 학교 공부를 충실히 하는 것은 바람직한 일이지만 '무조건' 1등을 해야만 하는 이유는 무엇일까요? 부모님은 자신의 학창 시절 결핍을 자식에게 투영하는 것은 아닐까요? 부모님의 무리한 요구와 바람을 반드시 따르고 받아들여야 할 이유는 어디에도 없습니다. 가정의 암묵적 규칙 때문에 본인이 신체적·심리적으로 건강하지 못한 삶을 산다면 더더욱 그렇습니다.

저는 상담을 하면서 이런 사례를 많이 접했습니다. 어떤 부모는 음악을 공부하는 아이가 '클래식'이 아닌 '재즈'나 '팝' 같은 음악을 들으면 화를 낸다고 하더군요. 재즈나 팝 음악은 전공 공부에 도움이 되지 않을뿐더러 소위 '고급 음악'이 아니라는 이유였습니다. 부모라는 이유만으로 개인의 취향까지 강요할 수는 없습니다. 이런 부모는 일방적으로 지시하고 소통을 거부하는 태도를 고칠 필요가 있습니다. 또한 자녀의 입장에서도 부모의 부당한 요구를 걸러 들을 줄 아는 능력이 반드시 필요합니다. 암묵적 규칙에서 자유로워지는 방법을 익히는 것이죠. 지금껏 한 번도 하지 않은 질문들을 다음과 같이 적극적으로 던져보길 바랍니다.

'부모님은 날 사랑하지만, 부모님의 말이 모두 정답일까?'
'엄마, 아빠의 요구대로 1등을 해야만 하는 이유는 무엇일까?'
'가족이라는 이유로 취향을 강요해도 될까?'

물론 가족 구성원 사이에도 서로를 존중하는 건

무례한 말은 걸러 들어야 합니다

강한 삶의 규칙은 필요합니다. 그러나 이 규칙이 강요와 억압의 도구가 되어 삶을 침해한다면 매우 곤란합니다. 우리는 가까운 사이라는 이유로 취향을 강요하고 함부로 말하고 아무렇지 않게 상처를 주곤 하죠. 이렇게 되면 가깝기에 오히려 더욱 힘든 관계가 되고 맙니다. 친할수록 더욱 예의를 지켜야 하는데 현실은 그렇지 못하죠.

따라서 가장 가까운 사이인 가족의 말도 걸러주는 필터가 필요합니다. 이제 5부에서는 어떻게 하면 이 필터를 장착할 수 있는지 구체적인 기술에 대해 알아보도록 합시다.

Point

가까운 사이일수록 말을 걸러 듣는 지혜가 더욱 필요하다. 그것이 나를 지키고 서로를 더 존중하는 방법이기 때문이다.

직장 상사, 가족, 친구, 연인 사이에
적당히 말의 거리를 두어야 합니다.

5장

남의 말에
쉽게 흔들리지 않는
흘려듣기의 기술

타인의 말을
검증해보기

지금까지 타인의 말에 흔들릴 필요가 없다는 점을 여러 번 말씀드렸습니다. 이유는 명확합니다. 인간은 쉽게 흔들리는 존재고, 질투가 많으며, 자기를 과시하고 싶어 합니다. 자신의 결핍을 해소하기 위해 타인을 끌어들이기도 하고요. 그뿐 아닙니다. 인간의 지능과 인식 능력에는 한계가 있습니다. 이렇게 불완전한 인간이 하는 말을 심각하게 들을 필요는 없다는 것이죠. 아무리 가까운 사이라 해도 마찬가지입니다. 아니, 가까운 사이일수록 영향을 크게 받기 쉬우니

남의 말에 쉽게 흔들리지 않는 흘려듣기의 기술

더욱 거리를 둘 필요가 있다고 했습니다.

5부에서는 타인의 말을 흘려듣는 구체적인 기술을 익힐 시간입니다. 먼저 타인에게서 충격적인 말을 들었다면, 그 말을 그대로 듣지 말고 처음부터 '검증'해보았으면 합니다.

> "김 대리가 낸 기획안 말이야, 쓸 게 없어. 시장성이 전혀 없어 보여. 아예 처음부터 다시 검토해야 할 것 같은데?"

얼마 전, 승준 씨는 회사 팀장에게 이런 피드백을 받았습니다. 팀장은 회사에서 일을 잘하기로 소문난 사람이었죠. 모두의 신망을 얻고 있는 팀장이 하는 말이라 그 말의 영향력은 매우 컸습니다. 승준 씨는 형편없는 기획안을 제출했다는 생각에 덜컥 걱정이 앞섰고 더욱 의기소침해졌습니다. 이런 상황에서 승준 씨는 어떻게 해야 할까요? 팀장의 말을 무조건 받아들이고 그가 요구하는 대로만 움직일 필요는 없습니다. 팀장이 뛰어난 능력으로 조직에서 인정받는 사람이라 해도 그렇습니다. 팀장의 의견을 참고하는 것은 바람직하지만 그가 모두의 의견을 대표하는 건 아니니까요. 기획안과 관련해서는 다른 팀원의 의견을 들어볼 수도 있고, 때로는 회사 바깥에서 자문을 구해야 할 수도 있을 겁니다. 객관적인 자료를 분석해 답을 찾을 수도 있고요. 상사의 말을 참고해 더 나은 대안을 찾아내는 직원, 즉 '스스로 생각하는 사람'이 되어야 합니다.

그런가 하면 타인의 말이 어떠한 의도를 갖고 '만들어진' 사실은 아닌지도 검증해보아야 합니다. 예를 들어, 누군가 '가난한 이들은 열심히 살지 않기 때문에 가난하다'라고 단정 지었다고 해봅시다. 실제로 많은 자기계발서가 이런 메시지를 담고 있죠. 그런데 오로지 개인의 노력 여하로만 가난의 이유

남의 말에 쉽게 흔들리지 않는 흘려듣기의 기술

를 설명할 수 있을까요? 보통 내로라하는 명문 대학교에 진학한 학생들의 가구 소득을 확인해보면, 평균 소득보다 높은 경우가 많다고 합니다. 이는 학력이나 수입도 세습된다는 근거로 볼 수 있습니다. 모든 일의 원인을 개인적인 노력 탓으로만 돌리면, 불합리한 사회 구조가 변화할 리 없겠죠. 가난한 상태에 놓인 개인은 더더욱 무기력해질 테고요. 이처럼 언뜻 듣기에 맞는 말 같더라도 한 번 더 검증해야 합니다. 세상에는 어떤 의도를 품고 있는 말, 누군가의 필요에 의해 '만들어진 진실'이 많으니까요.

그럼 어떻게 해야 할까요? 타인의 말에 휘둘릴까 봐 불안해질 때는 마음속으로 상대방에게 이렇게 외쳐보세요.

"증거를 제시해보세요!"

아마 거의 모든 말이 '증거 불충분'으로 기각될지도 모릅니다. 그래도 타인의 말을 좀처럼 흘려버리기 힘들다면 지금부터 재미난 상상 하나를 해봅시다. 나의 내면에 커다란 집이 있다고 가정해보는 겁니다. 보통 거실에서 손님을 맞이하고, 침실까지 들이는 경우는 없죠. 잘 알지 못하는 외부인은 입구에서부터 경계를 풀지 않습니다. '말'도 딱 그렇게 대하면 됩니다. 나에게 부정적인 영향을 끼치는 말은 내면의 집 입구에서부터 차단해야 합니다. 그러고 나서 어떻게 받아들이면 좋을지를 여러 차례 확인하는 겁니다. 또한 친한 지인의 말이어도 침실까지는 들이지 말아야 하고요.

"미안하지만, 그건 당신의 개인적인 의견이나 감상에 불과하네요. 들여보낼 수 없습니다. 돌아가주세요."

남의 말에 쉽게 흔들리지 않는 흘려듣기의 기술

이렇게 정중하게 거절하는 장면을 떠올려보세요. 타인의 말을 내면의 집 거실까지만 받아들이기, 이 방법을 활용하면 타인과 적당한 심리적 거리를 두고 그들의 말을 흘려듣기가 조금은 수월해질 겁니다.

Point

타인의 말에 휘둘릴까 봐 불안해질 때는 머릿속으로 이렇게 외쳐보자.
"증거를 제시해보세요!"

타인의 말은 '내면의 방'
거실까지만 들여보내기로 해요.

타인이 규정한
'가짜 나'에서 벗어나기

"너도 네 아빠랑 똑같아."

상담실에 찾아온 미주 씨는 엄마에게 들은 이 말이 충격적이었다고 털어놓았습니다. 평소 부부 사이가 좋지 않았던 엄마는 툭하면 미주 씨에게 이런 말을 화풀이처럼 했죠. 어린 시절, 부모님의 불화 때문에 상처받았던 미주 씨는 이제 '아빠와 똑같다'라는 엄마의 말에 또다시 상처받고 있었습니다.

"왜 그렇게 따지는 걸 좋아해? 좋은 게 좋은 거

아니야?"

얼마 전, 지혜 씨는 남편에게서 이런 말을 들었
습니다. 육아와 집안일을 병행하느라 힘겨웠던 지
혜 씨는 남편에게 집안일을 합리적으로 나누자고
제안했다고 합니다. 그런 뒤 집안일의 종류와 난이
도를 따져서 정리한 뒤 남편에게 보여주었어요. 이
를 보더니 남편이 '따지기 좋아한다'며 지혜 씨를 몰
아붙였던 겁니다.

이처럼 우리는 평소에 '너는 이런 사람인 것 같
다'라며 규정하는 말들 때문에 자주 상처받습니다.
미주 씨는 '네 아빠와 똑같다'고 자신을 규정하는 엄
마의 말 때문에, 지혜 씨는 '따지기 좋아한다'며 자
신을 몰아붙이는 남편의 말 때문에 속상해했죠. 상
처도 받았습니다. 가까운 사람이 이런 말을 툭 던지
면 더욱 마음이 아픕니다. 그러나 나를 잘 아는 사람

남의 말에 쉽게 흔들리지 않는 흘려듣기의 기술

이라고 해도, 이렇듯 엉터리로 나를 규정하는 말에는 절대 흔들릴 필요가 없습니다. 그것이 본래의 자신이라고 말할 근거는 어디에도 없기 때문이죠.

만약 누군가 '너는 이런 사람이야'라며 당신을 규정하려고 한다면, 이렇게 해보세요. 구체적으로 그들의 말을 노트에 적어보는 겁니다. 누구에게, 어떤 상황에서 들은 말인지 되도록 상세하게 적어두는 편이 좋습니다. 또한 내가 나 자신을 어떻게 생각하는지도 노트에 상세히 적어보세요. 그러고 나서 적어둔 내용을 가만히 바라보세요. 그것만으로도 속상한 마음이 조금은 풀릴 겁니다. 우리는 이미 타인의 말에 그다지 큰 의미가 없다는 사실을 잘 알고 있으니까요.

"엄마는 작은 실수를 한 나에게 아빠와 비슷하다고, 늘 아빠와 같은 실수를 한다고 했다. 그러

나는 왜 네 말을 흘려듣지 못할까

나 아빠와 나의 성격이 완벽히 같다는 증거는 어디에도 없다. 엄마는 아빠와 예전부터 사이가 매우 나빴다. 아마 나에게서 아빠와 비슷한 면이 조금만 보여도 아빠가 떠올라 기분이 좋지 않았을 것이다."

지혜 씨의 사례라면 이런 식으로 적어보는 것이죠. 사람은 생각보다 기분대로 말하고 행동하는 경향이 강합니다. 자신의 결핍을 그대로 말에 드러내는 경우도 허다하죠. 타인의 말을 진심이라고 생각하며 상처받지 말고, 일단 노트에 적어보기를 권합니다. 아무리 생각해도 화가 난다면, 앞서 이야기한 대로 반론을 제기해보는 것도 좋습니다.

"내가 그렇다는 증거가 어디 있어?"

이렇게 말입니다. 나를 규정하는 대부분의 말은

남의 말에 쉽게 흔들리지 않는 흘려듣기의 기술

'증거 불충분'일 확률이 매우 높습니다. 또한 상대방이 한 말을 곰곰이 떠올려보면 오히려 나의 장점으로 보이기도 합니다. 지혜 씨의 남편은 지혜 씨를 두고 '따지기 좋아한다'라고 불평했지만, '누구 한 명이 지나치게 희생하지 않도록 합리적으로 사고한다'라는 뜻으로 들립니다. '고집이 세다'라는 말은 '주체적이다'라는 말로, '줏대가 없다'라는 말은 '유연하다'라는 말로 바꿀 수도 있습니다. 애초에 세상의 모든 장점은 단점이 되고, 반대로 모든 단점은 장점이 될 수 있습니다. 그러니 타인의 말로 내 자존감을 깎아내릴 필요가 없죠. 무엇보다 긍정성을 회복하는 것이 우선입니다.

Point

타인이 규정한 '가짜 나'에서 벗어나자.
내 자존감을 깎아내리지 말고 긍정성을 회복해야 한다.

나는 왜 네 말을 흘려듣지 못할까

의식의 블루투스 끊기

　1부에서 친구의 말 한마디가 자꾸 마음에 남아서 괴로워했던 지연 씨 이야기를 했는데, 기억하나요? 그는 친구가 툭 던진 말을 잠들기 전까지 떨쳐내지 못하고, 친구가 자신에게 왜 그런 말을 했는지 계속 곱씹었죠. 이런 일은 누구에게나 매우 흔하게 일어납니다. 대체 나에게 왜 그런 말을 했는지 상대방의 머릿속을 들여다보고 싶어질 때도 많습니다.

　과연 상대방이 내게 한 말을 통해 그의 머릿속을

남의 말에 쉽게 흔들리지 않는 흘려듣기의 기술

들여다볼 수 있을까요? 그의 기분이나 마음 상태를 정확히 알아차릴 수 있을까요? 우리는 자주 그러고 싶은 유혹에 빠집니다. 사실은 타인의 '사적 영역'에 계속해서 개입하고 싶어 하는 거죠. 그런데 인간의 사적 영역에는 진심도, 진실도 들어 있지 않습니다. 사적 영역이란 여러 가지 복잡한 감정이 뒤섞인 뜨거운 용광로입니다. 그 뜨거운 용광로를 함부로 들여다보려 했다가는 엄청난 에너지에 휩쓸려버릴지도 모릅니다.

　타인의 기분은 그 사람의 것입니다. 기분이 좋을 수도 나쁠 수도 있죠. 지금 당신이 그렇듯 말입니다. 또한 타인의 기분은 대체로 당신과 큰 관계가 없을 확률이 높아요. 개인적으로 무슨 문제가 생겼거나 까닭 없이 기분이 가라앉았을 수 있죠. 당신의 기분이 시시각각 변화하듯이 타인도 마찬가지라고 생각하면 편합니다. 중요한 것은, 그 사람의 기분은 그 사람의 몫이라는 사실입니다. 당신에게는 책임이 없습니다. '혹시 나 때문인가?' 하는 생각에 섣불리 상대방의 머릿속을 들여다보려 하다가는 오히려 피해를 입을 수 있습니다.

"의식의 블루투스를 잠시 꺼두세요."

자꾸 타인이 궁금한 당신에게 이런 말을 하고 싶습니다. '의식의 블루투스 끄기'는 일종의 명상과 비슷합니다. 먼저 스스로를 스마트폰이라고 생각하세요. 그리고 의식의 전파가 상대방의 머릿속으로 뻗어 있는 광경을 상상해보는 겁니다. 전파가 여러 방향으로 퍼져 있겠죠. 그 전파 선들을 상상 속에서 하나하나 절단하면 됩니다.

지금껏 일상적으로 의식의 블루투스를 켜두고 타인에게 향했던 사람이라면, 어쩌면 잠시 외로운

남의 말에 쉽게 흔들리지 않는 흘려듣기의 기술

타인의 기분은 그 사람의 것입니다.
그 사람을 향한 의식의 블루투스를 꺼두세요.

기분이 들지도 모르겠습니다. 그러나 이 상태에 적응하면 이내 마음의 고요함을 느낄 수 있을 겁니다. 타인의 방해를 받지 않는 일상이 찾아오니까요. 서로에게는 딱 그 정도의 거리가 필요합니다. 타인과 나의 적당한 거리를 찾아야 합니다.

Point

타인의 마음, 기분, 생각을 다 알려 하지 말자. 타인을 향한 관심을 거두는 방법을 알아야 한다.

남의 말에 쉽게 흔들리지 않는 흘려듣기의 기술

지나친 공감 능력
버리기

애니메이션 〈센과 치히로의 모험〉에서 인상 깊은 에피소드가 있었습니다. 폭주하는 가오나시를 접대하는 장면이에요. 여러 종업원들이 납작 엎드려서 가오나시를 극진히 접대하려 했지만, 그럴수록 가오나시는 미쳐 날뛰며 종업원들을 삼켜버렸죠. 반면에 센은 매우 사무적인 태도로 가오나시를 대했습니다. 센의 담담한 태도를 보고 가오나시는 처음에 굉장히 화를 냅니다. 하지만 이내 평정을 되찾습니다. 유독 이 장면이 마음에 오래 남았던 이유가 있습니다. 감정의 소용돌이에 휘말린 사람을 대할 때도 센처럼 행동하는 편이 옳다는 생각이 들었기 때문이에요.

우리는 보통 '공감'을 중요한 덕목으로 여기며 삽니다. 슬픈 일에는 같이 슬퍼해주고 기쁜 일에는 같이 기뻐해주어야 한다고 생각하죠. 공감 능력이 떨어지는 사람과는 가까이 지내고 싶지 않다는 이들도 많습니다. 그런데 이렇듯 중요한 '공감'이 문제가 되는 때가 있습니다. 타인에게 공감해야 한다는 지나친 강박 관념 때문에 타인의 말에 휘둘리고 괴로워하는 경우입니다.

요즘 은호 씨는 친구 문제로 골머리를 앓고 있어요. 절친한 친구가 자신에게 매일같이 직장 생활에 대한 고민을 털어놓기 때문입니다. 친구는 팀장, 회사 동료와 트러블이 잦아서 괴로워하고 있었죠. 은호 씨는 친구의 말에 맞장구를 치며 위로해주었습

남의 말에 쉽게 흔들리지 않는 흘려듣기의 기술

니다. 그런데 점점 고민 상담이 잦아지면서 난감해지기 시작했습니다. 특히 친구가 직장 상사나 동료의 험담을 할 때는 뭐라고 말해주어야 할지 도무지 알 수 없었죠. 어느새 얼굴도 모르는 친구의 직장 동료를 욕하며 미워하는 자신을 발견하고는 문득 우울해졌습니다. 은호 씨는 친구 때문에 없던 마음의 병이 생길 지경입니다.

은호 씨 같은 상황에 처한 분들이 꽤 많으리라 생각합니다. 사람들은 '친한 사이'를 무기로 불쑥 '공감'을 요청해오죠. 은호 씨는 친구의 말에 귀를 기울일수록 더욱 괴로워지는 자신을 발견합니다. 친구의 괴로움이 자신에게도 고스란히 전해지기 때문입니다. 또한 자신이 한 번도 본 적 없는 친구의 직장 동료를 험담하면서 왠지 모르게 기분이 나빠졌죠. 한마디로 친구의 부정적인 에너지에 휩쓸린 겁니다. 저는 은호 씨에게 당장 공감을 멈추라고 이

나는 왜 네 말을 흘려듣지 못할까

야기하고 싶습니다. 이런 공감은 제대로 된 공감이
아니니까요.

　우리는 '제대로 된 공감'과 '잘못된 공감'을 구분
할 필요가 있습니다. 심리상담사로서 저의 경험을
이야기해볼게요. 상담을 하다 보면 화를 내거나 눈
물을 흘리는 내담자가 종종 있습니다. 만약 제가 이
들에게 공감한다며 같이 분노하거나 상담 도중에
펑펑 운다면 어떻게 될까요? 이런 태도는 절대 제대
로 된 공감이라고 할 수 없습니다. 어디까지나 내담
자와 거리를 두고 침착함을 유지해야 하죠. 일본의
정신의학계에서 명의로 손꼽히는 간다바시 조지는
환자가 '찬바람이 쌩쌩 분다', '너무 냉정하다'라고
하소연할 정도로 환자와 심리적 거리를 둔다고 합
니다. 하지만 그는 그러한 태도가 오히려 성실한 직
업인의 자세라고 강조했죠.

남의 말에 쉽게 흔들리지 않는 흘려듣기의 기술

물에 빠진 사람을 구한다며 나도 물에 뛰어들어서 같이 위험에 처하는 것은 옳지 않죠. 침착하게 주변을 살핀 뒤에 구조를 요청해야 합니다. 일상생활에서의 공감도 이와 같습니다. 힘듦을 토로하는 사람에게 공감하겠다며 함께 감정적으로 힘든 상태에 빠지는 건 바람직하지 않습니다. 그보다는 침착한 태도로 상대방의 상태를 파악해주는 편이 더욱 낫습니다. 그것만으로도 상대방은 심리적으로 안심할 거예요. 혹시 타인과 적당한 심리적 거리를 유지하지 못하고 그의 감정에 너무 깊이 관여하고 있지는 않나요? 타인의 말과 감정에 계속해서 휘말리며 마음을 쏟는 것은 제대로 된 공감이 아닙니다. 무엇보다 적당한 심리적 거리를 유지하는 것이 핵심이죠.

앞서 인간의 '사적 영역'과 '공적 영역'에 대해 여러 번 이야기했습니다. 사적 영역에만 매몰되어 있는 사람의 심리 상태는 매우 불안정합니다. 그런데 지금껏 우리는 상대방의 사적 영역에 적극적으로 개입하는 것을 공감이라고 잘못 생각해왔습니다. 기억하세요. 불안정한 사람이 나에게 상담 요청을 할 때는 오히려 적당한 거리를 유지함으로써 그의 공적 영역을 일깨워주어야 합니다. 정신과 전문의 간다바시가 그랬듯이 적당히 '찬바람 부는 태도'를 유지해도 괜찮습니다. 이렇듯 거리를 두는 태도는 오히려 상대방으로 하여금 자신의 공적 영역을 일깨우도록 도와주니까요. 상대방의 공적 인격을 향해 "이것이 진짜 당신의 모습이죠?" 하고 호소해보는 겁니다.

'공감'을 한다는 이유로 상대방의 사적 영역에 지나치게 개입하면, 그 사람의 말에 계속해서 휘둘리기 쉽습니다. 또한 나의 잘못된 공감 때문에 상대방이 주체적으로 문제를 해결할 기회를 빼앗을 수도 있다는 점을 꼭 기억해야 합니다. 나를 위해서도, 상

남의 말에 쉽게 흔들리지 않는 흘려듣기의 기술

대방을 위해서도 거리를 두어야 하는 것이죠. 가까운 사이일수록 더욱 그렇습니다. 생각하면 생각할수록 〈센과 치히로의 모험〉의 센의 대처가 현명해 보이는 이유입니다.

Point

**나에게 상담해오는 이들에게 지나친 공감은 금물!
심리적 거리를 두며 상대방의 '공적 영역'을 일깨워줘야 한다.**

그럴듯해 보이는 말일수록
한 번 더 의심하기

영화 〈데스 노트〉의 줄거리를 기억하나요? 사신이 떨어뜨린 명부를 손에 넣은 주인공 야가미 라이토가 이를 이용해 범죄자 등을 처단하는 이야기입니다. 데스 노트에 이름을 적기만 하면 사람들이 죽어나갔죠. 라이토는 노트에 흉악범의 이름을 써서 차례차례 죽입니다. 그러다 경찰과 세계적인 명탐정 엘의 추적에 의해 서서히 포위망에 갇히고 말죠. 영화 막바지, 궁지에 몰린 라이토는 경관들을 향해 외칩니다. 자기 덕분에 흉악범이 사라지고 세계 범죄율이 70퍼센트 감소했는데, 꼭 자신을 체포해야

남의 말에 쉽게 흔들리지 않는 흘려듣기의 기술

겠느냐고 말이죠. 단지 '체포'라는 경찰의 임무를 수
행했다는 뿌듯함을 누리기 위해 자신을 잡아들이는
건 아닌지 다시 생각해보라고 그는 말합니다. 라이
토의 이 연설은 언뜻 들으면 맞는 말 같아서 설득되
기 쉽습니다. 그런데 명탐정 엘의 후계자 니아는 라
이토의 그럴듯한 말에 흔들리지 않고 이렇게 딱 잘
라 말합니다.

        "아니, 당신은 그냥 살인자입니다. 신이 되고 싶
        어서 제정신을 잃은 살인자 그 이상도 이하도 아
        닙니다."

그리고 이렇게 덧붙였습니다.

        "만약 신이 정말 존재하고 신이 내게 계시를 내
        린다 해도, 나는 그것이 옳은지 그른지를 스스
        로 판단할 겁니다."

나는 왜 네 말을 흘려듣지 못할까

저는 니아의 이러한 태도야말로 우리가 타인의 말을 접할 때 반드시 지녀야 할 자세라고 생각합니다. 그 어떤 누구의 말도 그대로 받아들이지 않는 태도 말입니다. 이번에는 그럴듯해서 속기 쉬운 말의 유형을 한번 알아보겠습니다. 이런 말들은 애초에 더욱 유의해서 들어야 합니다.

첫째, 큰 영향력을 갖고 있는 사람의 말

연예인, 정치인, 수백만 구독자를 보유한 유튜버…. 모두 대단한 사람들입니다. 이들은 사회적으로 큰 영향력을 끼치는 데다가 수많은 팬을 거느리고 있죠. 심지어 달변가인 경우가 많아서 그들의 말은 정말 홀린 듯이 듣게 됩니다. 이렇게까지 유명하지 않아도 왠지 그냥 믿어야 할 것 같은 사람들이 우리 주위에는 많죠. 인품이 좋기로 소문난 사람, 카리스마 넘치는 상사, 일을 잘하는 유능한 직원의 말은 왠지 믿음이 가니까요. 그런데 이들의 말이 아무리

남의 말에 쉽게 흔들리지 않는 흘려듣기의 기술

그럴듯하더라도 전적으로 신뢰해서는 안 됩니다. 세상에는 자신들의 영향력을 무기로 타인을 현혹하려는 사람들이 존재하기 때문입니다. 그들이 얼마나 대단한 사람인지를 기준으로 삼지 말고, 내 안의 기준에 따라 그들의 말을 걸러 들어야 합니다.

둘째, 교묘히 나를 깎아내리는 말

앞서 'I'm not OK'인 사람이 타인에게 'You are not OK'라고 이야기하며 자신의 자존감을 채운다고 했죠. 누구라도 가까운 이들이 건네는 말은 유난히 신경 쓰일 수밖에 없습니다. 직장에서 괜히 나에게 화풀이하는 상사나 불행한 결혼 생활을 털어놓으며 "너도 곧 그런 일을 겪게 될 거야."라고 교묘하게 나쁜 말을 하는 친구, 모두 타인을 깎아내리며 자신의 결핍을 채우는 중이죠. 마치 불량배가 시비를 걸 때 어깨를 부딪치듯이 그들의 말은 나에게 시비를 걸어옵니다. 그리고 '그러니까 내 말을 들어' 하며 간섭하려 들지만 거기에 휘둘릴 필요가 없습니다. 원래 타인에게 간섭할 권리는 그 누구에게도 없으니까요. 내 일은 그냥 내가 알아서 하면 됩니다.

셋째, 집단의 '가짜 규칙'을 들이대는 말

누가 봐도 비상식적이고 불합리한 요구를 하면서 "이건 규칙이야."라고 말하는 이들이 있습니다. 집단 구성원 모두가 따르는 규칙이니 너도 따라야 한다는 논리죠. 인간은 사회적 동물이기에 규칙에 약하고, 규칙에서 벗어나는 것에 저항감을 느낍니다. 다짜고짜 규칙을 들이대며 무언가를 요구하는 사람의 말에 휘둘리기 쉬운 것도 이런 이유 때문입니다. 그러나 규칙이 절대적으로 옳을 리 없습니다. 예를 들어 악덕 기업에서 불합리한 지시를 내리며 '규칙이니 따라야 한다'고 강요하면 어떻게 할 건가요? 사회적 상식에 반하는 규칙은 얼마든지 있습니다. 그러니 거기에 끌려다니지 말아야 합니다. 특히

남의 말에 쉽게 흔들리지 않는 흘려듣기의 기술

직감적으로 이상하다고 느껴질 때는 주저하지 말고 집단 바깥에서 해결책을 적극적으로 찾아보길 권합니다.

지금까지 걸러 들어야 하는 대표적인 말의 유형을 살펴보았습니다. 그럴듯한 논리로 다가오는 말들에 휘둘리지 않기를 바랍니다. 결국은 나의 기준이 확립되어 있어야 이런 말들을 걸러 들을 수 있다는 점도 기억해야 합니다.

Point

큰 영향력을 가진 사람의 말, 교묘히 나를 깎아내리는 말, 불합리해도 '규칙'이라며 무조건 따라야 한다는 말은 반드시 걸러 듣자.

주어가 이인칭·삼인칭인
표현 경계하기

    이상하게 친구들을 만나고 돌아오면 기분이 나빠질 때가 있습니다. 친한 사이끼리 만나면 요즘 무엇이 고민인지도 편하게 털어놓게 되는데요. 그럼 '너 참 답답하다. 그렇게 하지 말고 이렇게 했어야지' 하는 식의 조언이 여기저기서 날아오죠. 그런데 나를 위한 조언을 다 듣고 나면 묘하게 기분이 불쾌합니다. 이런 경험 아마 한두 번쯤은 있을 겁니다. 사실 확실히 흘려들어야 하는 말 중 하나가 '너'로 시작하는 이인칭의 표현입니다.

"너는 왜 그렇게 답답하니?"

"사람이 어떻게 그럴 수 있어?"

"당신은 정말 지혜롭지 못한 것 같아."

위의 말들의 주어를 살펴볼까요? '너', '사람', '당신'입니다. 저는 이렇게 주어가 이인칭 혹은 삼인칭인 표현은 단호하게 흘려들으라고 이야기합니다. 이 책에서 몇 번이나 강조했지만, 사람은 원래 어느 누구에게도 간섭하거나 강요할 권리가 없습니다. 우리가 타인과 의사소통을 할 때 쓰는 표현은 '일인칭'이어야 하죠. '나는 이렇게 생각합니다', '나는 그런 것을 싫어합니다'와 같은 식으로 말입니다. 일인칭의 표현은 나의 생각을 말하되 상대에게 강요하지 않는 방식이라고 할 수 있습니다. 앞으로 '너', '사람', '당신'으로 시작하는 이인칭·삼인칭의 말들은 애초부터 걸러 들으세요. 그러면 타인과의 관계에서 상처받을 일이 많이 줄어들 겁니다.

심지어 겉으로 드러난 행동을 넘어서, 나의 인격이나 인간성을 평가하거나 비난하는 사람들이 있습니다. 그런 말은 깊게 생각할 필요도 없이 바로 거르면 됩니다. 누구도 한 인간의 인격을 평가할 자격은 없거든요. 참고로 심리상담 분야에서는 인간과 관계된 모든 부분을 행동(Doing) 단계와 존재(Being) 단계로 나누는 경향이 있습니다. 서로 관여할 수 있는 부분은 '행동' 단계에 그칩니다. '그렇게 행동했으면 좋겠다' 혹은 '그러지 말았으면 좋겠다' 정도로 요청할 수는 있죠. 그러나 '존재' 단계에 대해 관여할 수 있는 권리는 그 누구에게도 없다고 봅니다. 그것은 오로지 신에게만 허락된 영역이니까요. 만약 선을 넘는 무례한 사람들이 있다면 이렇게 한마디 던져주면 됩니다.

"당신이 뭔데? 너나 잘하세요!"

남의 말에 쉽게 흔들리지 않는 흘려듣기의 기술

한편으로는 우리 스스로도 타인과 대화할 때 조심할 필요가 있습니다. 내가 조금 잘 아는 부분에 대해서는 타인에게 가르쳐주고 싶은 유혹에 빠질 때가 있습니다. 상대방이 가르쳐달라고 한 적이 없는데도 자꾸 선을 넘고 싶어집니다. 하지만 어차피 상대방이 받아들일 준비가 되어 있지 않다면, 별 도움이 되지 않을 겁니다. 테니스나 골프를 배울 때를 떠올려보세요. 코치가 아무리 이런저런 말로 자세를 잡아줘도 그대로 따르기가 어렵죠. 내가 준비되어 있지 않기 때문이에요. 이와 관련해 하버드 비즈니스 스쿨의 클레이튼 크리스텐슨 교수는 저서 『하버드 인생학 특강』에서 이렇게 말한 바 있습니다.

"아이들은 이쪽이 가르칠 준비가 되었을 때 배우지 않는다. 그들은 그들이 준비가 되었을 때 배운다."

어른도 마찬가지입니다. 우리는 말을 통해서 배우지 않습니다. 일상의 다양한 경험을 통해 성장합니다. 아무리 좋은 말이라도 타인이 원하지 않을 때, 이야기를 듣는 상대가 소화할 수 없을 것 같을 때는 굳이 가르치려 들지 마세요. 반대로 내가 받아들일 수 없는 말을 들었을 때는 그냥 흘러가게 내버려두는 것도 방법입니다. 타인의 말에 스트레스 받는 것보다는 그편이 낫습니다. 가장 최악의 방식은 윽박지르고 화내며 자신의 말을 타인에게 억지로 관철하는 것이죠. 그렇게 하지 않아도 우리는 스스로 천천히 자라게 되어 있습니다.

Point

'너는', '사람이', '당신은'으로 시작하는 말은 애초부터 걸러 듣자. 타인을 가르치려 들지도 말자.

남의 말에 쉽게 흔들리지 않는 흘려듣기의 기술

부정적 감정
몰아내기

지금까지 타인의 무례한 말이 나의 내면에 오래 남지 않도록 돕는 여러 가지 방법과 기술에 대해 알아보았습니다. 무엇보다도 '말'을 조금 더 가볍게 다룰 수 있게 된다면, 말 때문에 상처받는 일은 훨씬 줄어들 겁니다. 말에 작은 의미를 둔다면 말에서 받는 '데미지'도 작아지니까요. 말은 어디까지나 의사소통의 '도구'에 불과하니 부담 없이 활용한다고 생각하면 편합니다.

- 타인의 말을 검증해보고,

- 타인이 규정한 '가짜 나'에서 벗어나고,

- 타인을 향한 의식의 블루투스를 끊어보고,

- 지나친 공감 능력을 버린 뒤,

- 그럴듯해 보이는 말, 주어가 이인칭·삼인칭인 표현은 더욱 경계하는 겁니다.

그런데 지금껏 알려준 흘려듣기의 기술을 활용해보아도 여전히 타인의 말이 머릿속에서 떠나지 않는 날이 있을 겁니다. 20년간 심리상담사로 활동해온 저도 종종 그런 일들을 겪습니다. 나의 '마음 면역력'이 유독 약한 날에 날카로운 말을 듣게 되면 떨쳐내기 쉽지 않죠. 밤에 불을 끄고 자리에 누웠는데도 그 말이 계속 생각나거나, 불현듯 새벽에 깨서 다시 잠을 이루지 못하기도 하고요. 이럴 땐 대체 어떻게 해야 하냐고요?

그럴 땐 아예 마음속에서 '감정'을 몰아내보세요. 우리가 느끼는 감정의 90퍼센트 이상은 외부에서 흘러들어온 타인의 감정입니다. 부정적인 감정일수록 더욱 빨리 스며들고 전염되죠. 스마트폰을 통해 충격적인 영상이나 기분 나쁜 댓글을 접했을 때를 떠올려보면 됩니다. 순식간에 기분이 나빠지면서 아주 빠른 시간 안에 내 감정이 부정적으로 바뀌죠. 이럴 때 활용해볼 만한 좋은 방법이 있습니다. 의식적으로 내면을 청소해보는 겁니다. 눈을 감고, 몰아내고 싶은 감정을 떠올려보세요. 그리고 마음속으로 이렇게 외치면 됩니다.

"이 감정을 원래 있던 곳으로 되돌려 보내주세요!"

그 감정은 내 것이 아니니 원래 있던 곳으로 돌려보내는 게 맞아요. 그러면서 싫은 감정이 나에게

나는 왜 네 말을 흘려듣지 못할까

서 떨어져나가 하늘로 날아가는 장면을 떠올려보세요. 이게 전부입니다. 잠시 후에는 분명 기분이 달라져 있음을 느낄 겁니다. 한 번으로 감정이 나아지지 않을 때는 여러 번 반복해서 시도해도 좋습니다. '정말 이렇게 하면 해결된다고?' 하는 생각이 들겠지만, 정말 효과가 있습니다. 사실은 저도 자주 활용하는 방법입니다.

부정적인 감정을 몰아내면 어느새 평온이라는 감정이 차오르죠. 그리고 며칠 뒤 '내가 대체 무엇 때문에 그렇게 부정적인 감정이었지?' 하고 생각조차 나지 않을 겁니다.

말의 속성이 그렇습니다. 영원하지 않아요. 일시적이고 가벼운 말들을 자유자재로 다룰 수 있기를, 타인의 언어가 아닌 나의 언어로 세상을 바라볼 수 있기를 바랍니다.

남의 말에 쉽게 흔들리지 않는 흘려듣기의 기술

Point

"이 감정을 원래 있던 곳으로 되돌려 보내주세요!"
타인의 부정적인 감정에 휩쓸리거나 전염되었을 때는
이렇게 외쳐보자.

나는 왜 네 말을 흘려듣지 못할까

마무리하며

철학자 마르틴 부버는 『나와 너』라는 책에서 이렇게 말했습니다.

"'나'는 '너'와 만남으로써 처음으로 진짜 '나'가 된다. 내가 '나'가 되어가면서 서서히 나는 상대를 '너'라고 부를 수 있게 되는 것이다. 모든 진실한 생은 바로 만남이다."

이 책에서 저는 타인의 무례한 말에 신경을 끄라고 이야기했습니다. 타인과 적당한 거리를 두는 것

나는 왜 네 말을 흘려듣지 못할까

이 중요하다고도 강조했고요. 그런데 이 말을 두고 '타인은 나의 인생에서 조금도 중요하지 않다'라고 이해해서는 곤란합니다. '타인은 아랑곳하지 않고 그냥 내 식대로 살아도 된다'라고 받아들여서도 안 됩니다. 인간은 사회적 존재이고, 타인이라는 존재 없이 나라는 존재는 있을 수 없어요. 그것은 너무나 분명한 사실입니다.

다만 '나'라는 존재가 제대로 확립되어 있지 않으면, 타인과의 진정한 관계 맺기가 불가능하다는 걸 인지해야 합니다. 내 중심이 바로 서 있지 않으면 분명 타인의 말에 이리저리 휘둘릴 테고, 쉽게 상처받을 테니까요. 그럼 타인과 의미 있는 관계를 맺을 수도, 진정한 내 모습을 마주할 수도 없습니다. 지금까지 이야기했던 흘려듣기의 기술은 나와 타인 모두를 위해 필요한 기술입니다.

남의 말에 쉽게 흔들리지 않는 흘려듣기의 기술

앞으로도 무례한 말들은 불시에 나에게 다가올 겁니다. 마음의 면역력이 높다면 툭툭 털면 그만이지만, 혹시나 힘들어질 때는 이 책을 다시 펼쳐보세요. 스스로를 점검한 뒤 제가 이야기한 기술들을 적용해보았으면 좋겠습니다.

한 달 뒤, 석 달 뒤, 반 년 뒤, 1년 뒤…
서서히 달라지는 자신을 느낄 수 있을 겁니다.
당신의 노력을 진심으로 응원합니다.

미키 이치타로

나는 왜 네 말을 흘려듣지 못할까

사소한 말에도 전전긍긍하는 사람을 위한 신경 끄기의 기술

초판 1쇄 발행 2023년 5월 11일

지은이 미키 이치타로
옮긴이 김주희

발행인 이재진 **단행본사업본부장** 신동해
편집장 조한나 **기획·편집** 전해인 **디자인** thiscover **교정** 최서윤
마케팅 최혜진 이인국 **홍보** 정지연
제작 정석훈 **국제업무** 김은정 김지민

브랜드 갤리온 **주소** 경기도 파주시 회동길 20 웅진씽크빅
문의전화 031-956-7209(편집) 031-956-7089(마케팅)
홈페이지 www.wjbooks.co.kr
인스타그램 www.instagram.com/woongjin_readers
페이스북 https://www.facebook.com/woongjinreaders
블로그 blog.naver.com/wj_booking

발행처 ㈜웅진씽크빅 **출판신고** 1980년 3월 29일 제406-2007-000046호

한국어판 출판권 ⓒ ㈜웅진씽크빅, 2023
ISBN 978-89-01-27135-4 (03180)

갤리온은 (주)웅진씽크빅 단행본사업본부의 브랜드입니다.